歴史総合パートナーズ ⑨

Doing History
：歴史で私たちは何ができるか？

渡部 竜也
Watanabe Tatsuya

SHIMIZUSHOIN

目次

はじめに...4

（1）「歴史離れ」が起こっている？...5

（2）どうして多くの人たちが高校教師の教える歴史に興味がないのか？...10

1. 歴史をいかに教えるべきか？...18

（1）三つの伝統...19

（2）高校歴史教師の一風変わった行動はなぜ生じるのか？

―実証主義的歴史研究のもたらしてきたもの...27

2. なぜ私たちは歴史的思考を学ばなければならないのか？

―構成主義の可能性と課題...36

（1）史料の厳密な読解と出典の確認...40

（2）証拠や論拠のある歴史的推論...43

（3）歴史的文脈への配慮...50

（4）年代順の思考と物語...59

3. 歴史で私たちは何ができるか？―実用主義の可能性と課題...64

（1）来歴を知る：趣味・問題分析・判断根拠・アイデンティティの形成...67

（2）教訓を得る：言い負かすため？　対話のため？...77

（3）人に歴史を伝える：みせびらかし・みせかけ・社会的責任...82

（4）「たら・れば」を考える...88

（5）歴史を乗り越える：歴史和解に何が必要か...93

おわりに―Doing Historyとは何か...102

はじめに

（1）「歴史離れ」が起こっている？

●

　清水書院の担当者が筆者のところに「歴史総合パートナーズ」の企画を持っ
てきた際に担当者が筆者に提示した企画書の中に，こんな文言がありました。

　　現在の歴史学は現代の世界や一般社会とのつながりが見えにくく，また一
　　般向けとされる歴史関係の書籍も，ある時代，ある地域の専門家が，その
　　内容を噛み砕いて伝えるというものが多くを占めています。歴史教育にお
　　いても，一国史を並べたものや，いたずらに多くの史実が詰め込まれ，高
　　校生にとっては歴史イコール暗記科目というイメージが強く，**歴史離れを**
　　起こしているのが実情です。

　本当に日本社会において「歴史離れ」は生じているのか——まずこれを考え
てみたいと思います。学校の外には，それこそ歴史上の登場人物や出来事を意
識した創作物が溢れています。もう10年以上前になるかと思いますが，彦根市
は彦根城主・井伊家の赤兜を身につけた「ひこにゃん」を生み，近隣の市町村
ではひこにゃん親衛隊として「がもにゃん」（蒲生氏郷を意識したキャラクター）
「あけにゃん」（明智光秀を意識したキャラクター）などが登場しました。これ
らはいわゆる「ゆるキャラブーム」を生み，多くの観光客を滋賀県に呼び込み
ました。最近では「出世大名家康くん」（浜松市）などが人気です。
　年に一度，奈良で開かれる正倉院展は相変わらず1時間以上待たされますし，
彦根城も姫路城も国宝の天守を持つ城には，最近では外国人も含んで，観光客

はじめに　5

図1　出世大名家康くんと出世法師直虎ちゃん（浜松市マスコットキャラクター）

が休日だけでなく平日まで山のように押し寄せています。行政の中には城壁や城の再建に熱心なところもあります。例えば筆者の出身地である広島市は，原爆で吹き飛んだ元国宝の広島城の復元にかなりの費用をかけています。城だけではありません。筆者が住む東京の多摩地域では江戸時代に作られた玉川上水が地域運動によって保存・整理されています。江戸時代後期や明治時代に作られた古い農家が高級レストランなどになって地域で再利用され，数ヶ月前から予約しないと入れないことも少なくありません。公民館では，地域の歴史についての展示が頻繁に催され，老若男女問わず多くの人が訪れています。皆さんのところでも，そんな事例はありませんか。

　NHKの「連続テレビ小説（朝ドラ）」ではしばしば，明治時代の実業家広岡浅子のように歴史上で活躍した女性たちがテーマとなって高視聴率をたたき出し，同じくNHKの「歴史秘話ヒストリア」は長寿番組となりつつあります。テレビゲームでも歴史上の登場人物や出来事をモチーフとしたソフトが根強い人

図2 連続テレビ小説「あさが来た」(NHK) のヒロインのモデルとなった広岡浅子 (1849〜1919)
炭鉱や銀行経営で手腕を発揮すると,現在の大同生命につながる生命保険事業に進出。女子教育にも関心を寄せ,日本初の女子高等教育機関である日本女子大学校(現在の日本女子大学)の創立に尽力しました。

気ですし,漫画では明治時代初期を舞台にした「るろうに剣心」や古代中国の戦国時代末期を舞台にした「キングダム」が皆さんくらいの若い読者に広く支持されています。ちなみに筆者はネット配信(テレビ放送もあった)のアニメ「信長の忍び」がお気に入り。このアニメは信長や家来たちに関する史実を多少脚色しながら面白おかしく扱っています。そしてコンビニにすら,最近では歴史専門雑誌や書籍が複数置いてあることがあります。そんな国,日本の他にはまずありません。

　しかし,おそらく歴史学者や歴史を教えている高校の教師の多くは,「それはポップカルチャーであって,私たちの言うところの歴史ではない」と言うのではないかと思います。そう,ここが大事なところなのです——人々の歴史への関心はこれまでにないほど高いと言って過言ではないのですが,その関心は歴史学者たちの研究,そして高校の教師たちの教えている歴史にはあまり向けられてはいないのが現状なのです。

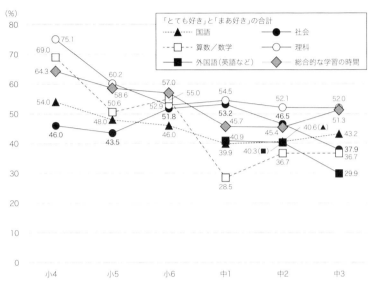

図3　文部科学省調査：教科や活動の時間の好き嫌い（学年別，主な教科，2005年）

　例えば高校を舞台にした漫画やドラマ，映画を思い出してみてください。勉強の嫌いな高校生が居眠りをしているシーン，または授業がとてもつまらないことを表象するようなシーンで，その授業の教科はほぼ，①歴史，②数学，③古典・現代文（国語）のいずれかだったように思いませんか[※1]。しかし，皆さんは最初から学校での歴史の授業が嫌いだったでしょうか——多くの生徒は実はそうではない，という事実を裏づけるデータがあります。次の文部科学省の調査結果（2005年3月実施）は面白い事実を伝えています（**図3**）。この調査は小中学生にそれぞれの教科の「とても好き」「まあ好き」「あまり好きではない」「好きではない」を選ばせた時の結果で，他教科と違って社会科は「とても好き」「まあ好き」が右肩下がりではないという，極めて興味深い結果が出ているのです。小学校4年生では他教科に大きく引き離されて最下位であった社会科は，小学

校6年生で好きが嫌いを逆転し，中学校1年生では，国語・数学・理科・社会・外国語・総合の中で堂々2位（しかも1位とは僅差（きんさ））の支持を獲得しているのです。そしてこの小学校6年生と中学校1年生こそが歴史，そして地理をやっている学年なのです。

　しかし中学校2年生で再び歴史的分野に入ると，今度は支持が低下し再び嫌いが好きを上回ります[2]。つまり，一般に，歴史学を大学で専門的に学んだ教師が多いとは思えない小学校での歴史の授業の方が，より歴史学を大学で専門的に学んだ教師が多いと思われる中学校での歴史の授業よりも支持されている——多くの人を魅了しているようなのです[3]。そして小中よりも多くの歴史を専門とする教師たちから構成されていると思われる高校での歴史授業は，そこで扱うテーマや時代などにも左右されるのでしょうが，漫画やドラマでのシーンが裏づけるように，大抵の場合，多くの人たちに散々の印象を与えているようです。

　私たち一般の人々の多くは，歴史が嫌いでもなければ，歴史離れをしているわけでもありません。ただ，歴史学者の研究の大半に興味がないだけであり，歴

[1]　https://ao-haru.jp/での高校生を相手にした聞き取り調査もこれを裏づけています。

[2]　学校によっては地理的分野・歴史的分野を中学校1・2年生で並行に教える「π型」と呼ばれるカリキュラムを採用しているところもあるので，中学校1年生を地理，中学校2年生を歴史と断定はできませんが，中学校1年生で地理的分野が主，中学校2年生は歴史的分野が主と言うことはできそうです。

[3]　教員免許は，原則，法律が定める講義内容を大学や通信教育を通して修得していなければ授与されることはありませんが，それでも小学校教師の場合，大学時代に教職課程の「初等社会科教育法」といった名称の授業（1.5時間×15回）で教育学者から歴史教育の話題を聞いたり歴史の授業作りの訓練を受けたりしたことを除いて，歴史についての学びをほとんど経験したことがないという人も少なくなくありません。中学・高校の歴史教師の場合，こうしたことは法律上，あり得ません。

史学を専門に学んだ人たちから成る（特に高校の）教師集団の教える歴史が大抵の場合好きではないだけなのです。そして昔はそうではなかったということを裏づけるいかなる証拠も筆者は見つけられませんでした。むしろ昔からそうだったという証拠ならいくつも見つかりました。例えば今から50年前に書かれた『歴史から何を学ぶか』（西村貞二，講談社，1970年）には，「歴史学と教養の断絶」という章が設けられ，一般の人々が歴史学に興味がない実態が述べられており，歴史学の研究が専門化すればするほど，「歴史家と一般人との溝は深まる一方である」と指摘しています。一般の人々の多くは昔から歴史学者の研究の大半に関心を持ったことはないし，高校教師の教える歴史の大半を愛したことはない，というのが実態のようです。

（2）どうして多くの人たちが高校教師の教える歴史に興味がないのか？

●

　どうして多くの人々は歴史学者の研究に比較的に忠実と思われる高校教師の教える歴史よりも，あまり歴史学研究の素養があるとは思えない小学校の教師たちの教える歴史の方を支持するのでしょうか。こうした質問をするとだいたい専門家や教師たちの間から「中高では歴史用語が多く出てきて，結果，授業が暗記・詰め込み教育になる」とか，「小学校の教師の歴史授業はアクティブな学習が多く，子どもたちの興味を引きつけているが，高校教師は座学を子どもたちに強いていることが，学習への不満につながっている」などといった回答が出てきます。

実際，文部科学省は2005年に小中学生にどういった学習形態が好きかとアンケート調査を実施した際，多くの児童・生徒が座学を否定し，調べたり考えたり教え合ったり発表したりする活動的な学習を好む傾向にあることを明らかにしています。そしてこうした調査結果に基づいて，文部科学省は2018年に改訂された学習指導要領[4]において，すべての教科での「主体的・対話的で深い学び」（いわゆるアクティブ・ラーニング）の活用を強調するようになりました。さらに高校の地理歴史科はカリキュラムの見直しも行われ，もっぱら近現代を扱うことをメインとする必修科目「歴史総合」を誕生させ，思い切って原始から近世までの取り扱いを部分的なところを除いてやめるようにしました。選択科目の方も「日本史探究」「世界史探究」と「探究」という文言を入れて，歴史の授業が些細な事実や文言を網羅するスタイルにならないように教師に意識づけるように試みています[5]。

　小学校の授業が高校の授業にはない素晴らしい性質のものであると考える大人たちも少なくないようです。教育委員会の関係者などの中には，高校の歴史を教える教師たちを小学校に派遣して6年生の授業を見学させる試みをしたり，小学校で行う人物学習（歴史上の人物を中心に学ぶ）を高校の歴史で導入することを提案したりしているところもあると言います。

　でも，ちょっと考えてみてください。子どもたちは確かに座学よりアクティ

---

[4]　10年に一度程度，文部科学省は幼稚園から高校までの各学校での教育課程を編成する際の目標や大まかな教育内容の基準を示すのですが，この基準のことを学習指導要領と言います。

[5]　この他，大阪大学の歴史学者の研究グループは，高校の教科書や大学入試に出てくる歴史用語の数を制限し，探究型の教科書を作ることで，詳細な事実を羅列するタイプの授業に教師たちが陥らないように働きかけていこうと，熱心に活動しています。大阪大学歴史教育研究会編『市民のための世界史』大阪大学出版会，2014年。

はじめに　11

ブ・ラーニングが好きかもしれません。でも彼らはどんなアクティブ・ラーニングでも好きなのでしょうか。筆者は大学で毎年学生たちに，小中高の時代の学習の振り返りをさせていますが，彼らのほとんどが学校で経験したという新聞作りやジグソー法※6は彼らの間であまり評判が良くありません。口々に「結局何を学んだのかわからない」「教師の手抜き」と散々の言いようです。彼らはこれらのアクティブ・ラーニングを教師の手抜きの象徴として，そして活動ありきで中身なしの授業の象徴として捉えているようです。逆に，支持される傾向のあるアクティブ・ラーニングは，知的な興味をそそるような問いかけを教師が投げかけるタイプの授業であることが多いようです。この知的な問いの中身は，歴史について多少なりとも通じている人間だからこそできそうな問いであることがほとんどで，筆者が学生から聞き出した事例としては，例えば「モンゴルはどうしてあれだけの大帝国を築くことができたのか」だとか「どうして日本の中世社会において民衆は団結して為政者に抵抗できるようになったのか」といった問いのようです。

　さて，もう一度小学校6年生の歴史授業の話題に戻りましょう。歴史学をほとんど学んだことのない人たちが構成員の大半を占めている小学校の教師たちが，こうした知的な問いかけをするアクティブ・ラーニングをしているとは正直考えられません。少なくとも筆者が学校現場を観察してきた限り，まずそうした授業に出会うことはありません。小学校6年生の歴史の授業では，新聞作りやジグソー法が頻繁に用いられています。そうではない場合であれば，その大半は，教科書の構成をなぞって，若干のエピソードを加えるといった，中学校あたりでよく見る座学式の授業です。教えている内容も，聖徳太子や聖武天皇は偉大な大志のある賢人で，信長はホトトギスを殺す短気な暴君で，坂本龍馬は

明治維新になくてはならない人間であり，日本人はもっぱら戦争の被害者で「戦争を繰り返してはいけないね」と教訓を添えて教える，といった様相です──そこに，歴史学のアカデミックな香りは全くしないと言って良いでしょう。

　小学校6年生の歴史授業が子どもに支持される理由は，それが人物学習であるからではないかといった見解を挙げる専門家もいます。しかし，それではどうして小学校4・5年生の社会科の授業の評価が子どもたちの間で芳しくないのか，という疑問に十分に答えることができません。小学校4・5年生の社会科も人物に焦点を当てるものですし，さらには地域の偉人を扱う学習も4年生で組まれています。

　筆者にもこの難問についての正解は正直なところわかりません。しかし一つの有力な仮説として筆者が注目するのは，ジーン・レイヴとエティエンヌ・ウェンガーの「正統的周辺参加」という考え方です[7]。これは端的に言えば，人間は自分が所属している集団，または所属を希望する集団において正統なる構成員として認めてもらうために，その集団が価値を見いだす行為を自分のものにしようとする──逆に言えば，そうした所属している集団，所属を希望する集団が価値を見いだしていない行為について，あえて人はそれを自分のものとしようとはしない，という考え方です。

[6] 協同学習を促すために編み出された教育方法です。数人の生徒から成る小グループを作り，そのグループの構成員がそれぞれ別の調査課題を持って勉強してきたことをグループに持ち寄って紹介し合って，ジグソーパズルを解くかのように全体像を協力して浮かび上がらせていきます。歴史学習の場合，時代像を浮かび上がらせることを目的に，この教育方法が用いられることが多いようです。

[7] 代表作は，次の著書です。ジーン・レイヴ＆エティエンヌ・ウェンガー著（佐伯胖訳）『状況に埋め込まれた学習─正統的周辺参加』産業図書，1993年。

この考え方で先ほどの**図3**を見ると次のように説明できるのではないかと思います。まず小学校4・5年生の社会科の不人気は、おそらくこの学年段階での社会科の学習内容の多くが、生活経験上で習得できている、もしくは生活経験からかなり予想のできる常識的なことばかりであることが原因であると考えられます——例えばスーパーマーケットの商品の配置であるとか、水道水が家に届くまでの流れとか。もしくは、特に知らなくても困らないような内容が結構多いことも一因だと思います——例えば、近所のネジ工場の社長が仕事にかける思いだとか、延縄漁法についての具体的な知識だとか。しかし、小学校6年生の歴史授業、そして中学校1年生の地理授業での子どもたちの経験は、それまでの学年とは大きく異なったものとなります。おそらく彼らの多くは日常で部分的・断片的に耳にしてはいるけれど、漠然としか理解できていない「織田信長」「聖徳太子」「太平洋戦争」「インドネシア」「デンマーク」といった話題について、この学年の社会科授業で、ある程度詳しく、そしてある程度体系的に学ぶことになります。学校教師が子どもたちに伝える内容は決して生活経験からだけでは学ぶことのできない程度の質があり、同時にその知識は大人社会も大きな価値を見いだしていて、日本に住むほとんどの大人たちが有しているものでしょう。こうなると、その内容の習得は、日本社会においては、大人社会への参加を承認してもらうために避けて通ることができないものになるのです[8]。

　子どもたちにとって小学校6年生や中学校1年生の歴史や地理の授業は、大人社会への参加を承認されるために避けて通れない重要な儀式なのだと思います。その時に子どもたちに保証される地理や歴史の内容は、歴史学者のような専門家の目から見るとかなり間違いだらけのものですが、世間一般の大人たちの大半が共通に有している「極めて常識的な」歴史認識や地理認識を反映した

ものであると言えるでしょう——むしろ，そうでなければならないと思われます。子どもたちにとっては，これから所属を希望する集団の大人たちが有している常識を共有することで，その集団の正統なる構成員として大人たちに承認されることが重要なのであって，その内容が正確かどうかなど，おそらくどうでも良い問題なのです。「聖徳太子は空想上の人物である」なんて話を6年生にしたところで，それは彼らがこれから属したいと希望する大人社会の多数が共通に有している認識とずれているわけですから，彼らの多くには「へえ〜」で済まされてしまい，数日後には忘れ去られてしまうでしょう。彼らの多くにとって信長はホトトギスを殺す短気な暴君であり，聖徳太子や坂本龍馬はスーパーヒーローでなければならないのです。

　これが中学校での歴史の学習となると，事態が変わってきます。中学校での歴史授業で教えられることになる「承久の乱」「寛政の改革」といった知識は日常生活の経験からその具体的な内容を知ることはますます難しくなり，そして**図3**にあるように，今度はこれを歓迎しない生徒が増えてきます。おそらくこうした知識は，比較的に知的水準の高い集団に属している人たちにとっては引き続き価値のあるものと見なされ，大人社会の正統な構成員として習得が必要条件とされ続けると思われます。しかし，そうではない集団も少なからずあり，そうした集団の中で生きる子どもたちにとって，中学校の歴史授業で教えられ

※8　もし子どもたちが，6年生になる前に学習漫画などでかなりの歴史についての知識を事前に有していたとしても，そのような知識があることを，教室という空間で，大人社会の一員である学校教師にアピールして承認してもらって初めて習得したことの意味が生じます。なぜなら，6年生や中学1年生での歴史や地理の知識の習得の最大の目的は，大人社会の正統な構成員であることを認めてもらうことにあるからです。だから多くの子どもは，学習漫画を読んでしまっていたからといって，授業がつまらなくなることはまずありません。

はじめに　15

ていることは，親や周囲の大人も知らない，学ぶ意味も必要も感じることのできないものに思えるのではないでしょうか。つまり織田信長を知らない大人は日本社会でまずいませんが，承久の乱や寛政の改革を知らない（覚えていない）人は結構多い。このように考えるなら，**図3**にある「好き」「まあ好き」と答えた中2の割合が46.5％という数値は，むしろ中学校教師の大健闘の証^{あかし}なのかもしれません。

　そして高校の日本史や世界史で教える知識，例えば「荘園公 領 制^{しょうえんこうりょう}」「延久の^{えんきゅう}荘園整理令」「ジロンド党」などの知識は，ほとんどの人々は知らない（覚えていない），そして学ぶ意味をより感じにくい知識です。そしてこれらを正統な大人社会の構成員として習得することを要求する集団はそう多くはないでしょう——おそらくそれは極めて学歴の高い人々から成る集団，もしくは歴史学者や学芸員，高校歴史教師のように，歴史を専門的に扱うことを生業とする集団に限られるでしょう。

　本書では，焦点を主にこの高校歴史教育とそこに関わる人たち（歴史教師，歴史学者や教育学者，加えて高校で歴史を学んでいる人たちや学んできた人たち）に絞り，高校の歴史教師の多くがこれまで何を考えてきたのか，今何を考えているのか，それを学び手がどのように感じていると思われるのか，そのことが社会生活にいかなる貢献や悪影響をもたらすのかといったことについて論じていきます。また，高校の歴史教育を変えるにはどうすれば良いのかについて，筆者なりの提言をしたいと思います。

　ここで論じていくことは，時に教師や学者の方に厳しいことを言うことになるかもしれません。しかし，皆さんにこれからの歴史教育について真剣に考えてもらうために，必要不可欠なことだと私は信じています。

はじめに　17

1. 歴史をいかに教えるべきか？

（1）三つの伝統

●

実用主義

　「はじめに」で見たように，歴史学者や高校教師といった歴史を専門的に取り扱う人たちと，一般の人たちとの間に，歴史に対する意識のズレがあるという事態が現れると，教育学者や哲学者，学校教師，そして一部の歴史学者の中から，歴史を教えることの意味を問い直す動きが生じることになります。彼らは過去の出来事それ自体に価値や意味があるのではなく，歴史を研究する者たちが価値や意味を感じる過去が「歴史」として取り扱われているに過ぎないのだと主張します。そして問題は，歴史を研究する者たちにとって価値や意味のあることが，一般の人たちにとっても価値や意味があるとは限らない点にあると主張します。そして彼らは，一般の人たちに教える歴史に価値や意味を持たせるために，何らかの理論的根拠（rationale）が必要であると主張します。そうした理論的根拠の中で最もよく知られるのが，19世紀末から20世紀前半に活躍したジョン・デューイ[※1]の考え方です。デューイは次のように言っています。

　　歴史というものが，単なる過去の記録であると見なされるのならば，初等教育のカリキュラム（引用者註：この時代では，「義務教育の必修カリキュラム」と同じ意味）において歴史が何らかの大きな役割を果たすべきであ

[※1]　ジョン・デューイ（1859〜1952）はプラグマティズム（実用主義）の思想家として知られています。代表作は『民主主義と教育』（上巻・下巻 岩波書店，1975年）など。

1. 歴史をいかに教えるべきか？　19

るとする主張には，どのような論拠も見つけ出すことができないであろう。過去は過去に過ぎなく，死者は自らの死を葬り去っておけばそれでよいことになろう。（中略）しかし，歴史が，社会生活を進めていく上での力や形式を説明するものとして考えられる場合には，事情は異なってくる。（中略）歴史が歴史学者にとってどのようなものであろうとも，教育者にとっては，歴史は一個の間接的な社会研究（social studies），社会の生成と過程の組織様式をあらわにしてくれるような社会研究でなければならない。（中略）すなわち，社会生活の正しい認識を深めるかどうかということが，歴史教育における伝記的要素の地位を決定することになるのである。

（ジョン・デューイ著〔市村尚久訳〕『学校と社会・子どもとカリキュラム』講談社，1998年，227〜238頁）

　つまり，現代社会を正しく認識・判断するために歴史を手段として学ぶなら，一般の人たちにとってその歴史の学びには価値や意味があるだろうと言っているのです。ちなみにデューイは別の場所で，現代社会を深く理解するためには歴史を研究することを避けることができないとも言っています。

　ちなみに，こうしたデューイの思想などに，当時の北米の歴史学者は大きな影響を受けます。J・H・ロビンソン[※2]やチャールズ・ビアード[※3]といった歴史学者は，一般の人々向けの歴史教育だけでなく，歴史学者の研究も現代社会の認識や判断に役立つものこそ研究テーマとするべきであるとすら主張しています。実際，彼らの研究はいずれも，当時のアメリカ社会の世相を風刺したり，当時のアメリカ人の世界観に疑問を投げかけたり，政策批判をしたりすることを目的に研究されたものでした。

そして彼ら「実用主義者（プラグマティスト）」と呼ばれる人たちの手で，現代社会の理解や判断のための手段としての歴史学習という，「社会科歴史教育」（この「社会科」は英語で「social studies」，つまり「社会研究」の意味です）という考え方が生まれることになります。この考え方は戦後，日本にもアメリカから社会科教育とともに伝わり，当時の学習指導要領に取り入れられました（**資料1**）。

実証主義

　これに対して，歴史学者の研究それ自体が本来的に一般の人々にとって全く無駄なものではないはずであり，むしろ問題はその事実が一般の人々に伝わっていないことにある，とする実証主義と呼ばれる立場があります。この立場は，過去のすべてに研究価値があるわけではないかもしれないことは認めつつも，過去の何を研究するかしないかを決めるのは現在の人たちの価値観に決定されるという主観的な捉え方については否定します。

　この立場の人たちは，歴史学者が研究対象とする価値のある過去，つまり「歴史」と，そうした価値のない「単なる過去」とは，ある程度客観的に区別する

※2　ジェームス・ハーベイ・ロビンソン（1863～1936）は，アメリカ歴史学会の会長も歴任した歴史学者で，元コロンビア大学の教授です。ビアードとともに「社会科」の創設に尽力した人物です。

※3　チャールズ・ビアード（1874～1948）は，アメリカ歴史学会の会長も歴任した歴史学者，経済学者，政治学者で，元コロンビア大学の教授です。多くの著書が邦訳されていますので，読んでみてください。

1. 歴史をいかに教えるべきか？　21

○社会科の一般目標（理解）

(1) 民主主義がわれわれの生活の幸福にどのような意味をもっているかの理解。

(2) 民主主義を現代のわが国の政治的，経済的，社会的活動に具体化することが，どんなに重要であるのかの理解。

(3) 現代の政治的，経済的，社会的問題がどのような歴史的背景をもって今日に及んでいるかの理解。

(4) われわれの社会生活が，自然環境とどのような関係をもっているのかの理解。

(5) 各地の文化，たとえば言語・宗教・芸術・風習・衣食住の様式などにはいろいろの違いがあるが，その底には共通な人間性が横たわっていることの理解。

(6) 各地の人々の相互依存関係がどんなに重要であるかの理解。

○中学校第2学年（今の「歴史的分野」に該当する学年）の単元内容

第1単元「都市や村の生活は，どのように変ってきたのか」

1. 自分たちの住んでいる都市あるいは村はこの一世紀くらいの間にどんなに著しい変化を経てきたのか。〔(1)から(3)を省略〕

2. わが国の都市と村の生活は，どのように結びついて営まれてきたのか。
〔(1)から(5)を省略〕

3. 外国の都市や村には，わが国のそれとどのような共通点や相違点があるか。
〔(1)から(4)を省略〕

4. 現代の都市や村については，どんな問題があるか。また都市や村を住みよくするために，どんな努力がなされなければならないか。

   (1) 都市や村の保健・衛生・美化・安全などについては，どんな問題があるか。これらの問題はどのようにして起ってきたか。そしてこれらを解決するために，どんな考慮が払われてきたか。

   (2) 村の人々の地位を安定させ，村の生産を高めるために，どんな努力がなされているか。（選地改革，農業の機械化，農業協同組合，水産業協同組合，開拓計画など）

   (3) われわれは生徒として，自分たちの都市や村の生活の改善にどのように貢献することができるか。

第2単元「近代工業はどのように発達し，われわれの日常生活に，どんな変化を与えたか」

1. 機械力を利用しなかったとしたら，われわれは，どんな日常生活を送らなければならないのであろうか。

2. 機械力を利用しなかった時代には，人々はどのようにして物を生産していたか。
〔(1)から(5)を省略〕

3. 近代工業は，どのようにして始まったか。
〔(1)から(4)を省略〕

4. 近代工業は，おもにどのへんで盛んに行われ，どんなものが生産されているか。
〔(1)から(5)を省略〕

5. 近代工業の発達によって，われわれの健康や安全について解決しなければならないどんな問題が生れてきたか。

   (1) われわれの健康や安全については，日常，個人としてどんなことに心がけたらよいか。

   (2) 労働基準法には，労働時間，働く人々の安全や衛生，女子や年少者の労働条件などについて，おもにどんなことが定められているか。

   (3) われわれの健康や安全を保証するために，社会の人々は，どんな協力をしているか。

資料1　1951年版学習指導要領『中学校・高校学習指導要領社会科編 II （試案）』一般社会科

ことができると考えます。例えば古代史家エドワルト・マイヤー[4]は，歴史学の関心の対象となる個人や民族や国家や文化は，それが世界に存在したという理由だけで正当化されることはなく，その価値はそれらが当時の社会全体や後の社会全体に与えた影響の大きさによって決まると主張しました。そしてこうした影響力は，歴史学の正しき思考作法を通して史料を読み解き事実を解き明かす中で自ずと明らかになるものと彼らは考えます。そして，その影響力が大きければ大きいほど，歴史的に意味のある過去であるとしました[5]。

　このように捉えると，歴史教育も歴史学も，現代社会研究のための手段であってはならないのであり，歴史研究それ自体を目的とすることに徹しなければならないということになります。またその歴史は直接的もしくは間接的に現代社会に影響を及ぼしているものなのだから，それ自体で一定の価値が現代の人々にとってもあるはずだ，ということになります。歴史学者の使命は，「歴史的思考（historical thinking）」という歴史学者が長年培ってきた特別な思考作法（詳しくは本書第2章，38頁を参照）を用いて，現在の世俗的なことやその時代の価値観に左右されることなく，過去における社会変化やそれがその当時の社会全体や後世に影響を与える作用を史料に基づいて科学的・実証的かつ客観的に解明することであり，歴史教師の使命はこうした歴史学者の研究成果を正しく

※4　エドワルト・マイヤー（1855〜1930）は19世紀の歴史学の一大傾向である実証主義的史学の代表者と言えます。代表作はエドワルト・マイヤー＆マックス・ウェーバー著（森岡弘道訳）『歴史は科学か』みすず書房，1965年。

※5　例えば歴史学者であるヴィルヘルム・バウアー（1877〜1953）も「歴史とは，人間の様々な社会的全体に対する関係を生じるような変化が問題となる限りにおいて，生活諸現象を記述し説明しようとする学問である。それは後世に及ぼす作用や，時間中・空間中における繰り返し難い変化に着眼する」と定義しています。

1. 歴史をいかに教えるべきか？　23

一般の人々に知らせることにある，と言うわけです[※6]。

こうした世界観は，戦後日本の歴史教師や歴史学者の間に深く浸透することになります[※7]。こうした人たちの中には社会科歴史教育の考え方を否定する者も少なからずおり，少なくとも高校の歴史教育は社会科歴史教育であってはならないと考えて，社会科の枠組みから歴史領域を独立させる運動を展開します。この運動は，1989年度の学習指導要領で高校に「地理歴史科」と「公民科」とが分かれて設定され，それまでの社会科の名称が高校の社会系教科から取り払われる形で一つの成果に結実することになります。

興味深いことに，実用主義を支持する研究者も実証主義を支持する研究者も，E・H・カー[※8]の『歴史とは何か』（清水幾太郎訳，岩波書店，1962年）の特に「歴史とは，現在と過去との間の尽きることを知らぬ対話である」という下りを高く評価しています。ただその言葉の意味するところは，両者でだいぶ異なったものが伝わっているようです。筆者なりにそれを図にしてみたのが**図4**です。

実用主義の場合，現代に生きる人々の価値観や問題意識が過去についての理解に与える避けることのできない影響を重視する概念と捉えています。一方で

図4　実用主義の現在と過去の関係（左）と実証主義の現在と過去の関係（右）

実証主義の場合，過去が現在に与えている影響を重視する概念，つまり，物事にはすべて因果があり，現在という結果はいくつもの過去という原因の積み重ねの上に成り立っているので，過去をよく知ることが現在を知ることになるということを示している概念と捉えています。

　実用主義の立場から見ると，実証主義は，現代の人々が歴史を研究したり学んだりすることの意味は歴史研究が進めば自ずと明らかになるとした態度であり，歴史の意味に関する思索を放棄しているように思えます。また歴史研究の主題や教育内容を選ぶ際に，価値判断の不可避性（価値判断を避けることができないこと）を自覚できないことから，図らずとも政治的な教化の危険性を孕むと考えます。

　逆に実証主義の立場からすると，デューイのような実用主義の考え方は，歴史が持つ真理を現在の価値観や世界観で覆い隠してしまう危険性を孕むと考えます。

※6　なお，歴史学者の堀米庸三（1913〜1975）のように，歴史研究は今の社会の役に立とうとする必要はない，そんなことをしたら歴史研究の自由度が失われてしまう，といった主張をする者もいます。外国でも，歴史学者ではありませんがマイケル・オークショット（1901〜1990）も同じような見解を表明しています。

※7　この背景には，日本の戦前の歴史教育が歴史学と歴史教育は別の理論であるべきだとする考え方に基づいて展開していたことで国民を誤った方向に導いてしまったという歴史学者や歴史教師たちの反省があります。戦前の学校においては，皇国史観と呼ばれる天皇を中心とした歴史物語が学校で教えられており，ここには歴史学的見地から見て事実無根なことが多く含まれていましたが，戦前は歴史教育の論理と歴史学の論理は別であるのは当然のこととされていたため，歴史学者がこれを批判することはあまりなかったと言われています。

※8　E・H・カー（1892〜1982）は20世紀に活躍したイギリスの歴史学者，政治学者で，外交官でもありました。

構成主義

　最後に構成主義という立場について見てみましょう。この立場は，歴史的思考は歴史学者だけが専有するべきものではなく，広く一般市民が共有するべきものであり，そうすることで一般市民も歴史的な出来事の事実解明や解釈に参加することができるようになるべきだ，と考えます。この立場は19世紀にはすでにあったようですが，基本的には実証主義の立場を支持する人たちが，いかなる研究者の歴史研究も，その主題選択だけでなく事実解明や解釈に至るまで，現代社会の価値観や問題関心から逃れることができないという世界観（この世界観は実用主義に近い）の影響を受けた結果，歴史的事実の解明における研究者の特権的な地位に疑問を抱くようになったことで，大きな勢力を持つようになりました[9]。

　この立場は歴史学者の研究成果よりも教育を通した歴史研究の実践を重視する傾向があり，基本的には歴史学者と同じ思考作法，つまり「歴史的思考」を用いて史料読解をする授業を重視します。そして人々が実際にどのような解釈をするのかということよりも，人々が歴史学者と同じ歴史的思考を身につけているかが重視される傾向にあります。

　この立場のより極端なケースでは，歴史を歴史学者たちの主観的な記述と見なし，歴史教育においてはそうした歴史学者の歴史記述の主観性を暴くことを目的とすることもあります。三つの立場の中で，歴史学者の歴史研究の成果自体に対して最も懐疑的な立場であることは間違いないでしょう。

　ただこの立場は，歴史的思考の価値について，どの立場よりも絶対視しているとも言えます。その点で，近代科学や歴史学研究それ自体を完全に否定しているわけではありません。歴史研究における歴史学者の独占状態を解消して私

たち一般の人々に広く開放することで，歴史学を「開かれた研究組織」として再編成することがこの立場のねらいです。そしてこのことは，歴史学者にとっても一般の人々にとっても，当然ながら大きな意味があると，この立場を支持する人たちは考えるのです。

(2) 高校歴史教師の一風変わった行動はなぜ生じるのか？ ―実証主義的歴史研究のもたらしてきたもの

●

　ここでは，歴史学習に見られる「三つの伝統」のうち，おそらく最も多くの高校教師を魅了してきた実証主義の歴史研究や歴史教育が，どのような影響をこれまで与えてきたのか，そしてそこにはどのような課題があるのかについて，考えてみたいと思います。

　突然ですが，皆さんの高校で使っている歴史教科書（特に日本史B，世界史Bの教科書）はどんな教科書ですか。どの高校でもだいたい同じA社の教科書を使っていませんか。その教科書は，皆さんの目から見て面白いですか。少なくとも筆者は，その教科書の記述内容は極めて無味乾燥に思えます。また，個人的にこれを面白いと言っている生徒にほとんど出会ったことがありません。不思議なのは，高校の歴史教師でもこの教科書を特に面白いと思っている人は少ないようなのです。では，どうしてどの学校の教師もA社の教科書を採用するので

※9　フェルディナン・ド・ソシュール（1857〜1913）などの言語学や，ジャン・フランソワ・リオタール（1924〜1998）らのポストモダン思想の影響を受けたことが背景にあります。歴史学者たちはこれを「言語論的転回」と呼んでいます。

1. 歴史をいかに教えるべきか？　27

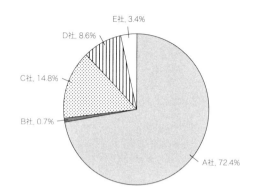

図5　高校日本史B教科書の出版社別採択率（全国，2018年度）
A社の教科書は世界史Bでも60％程度の採択率です。

しょうか。

　また，高校日本史では極めて採択率の低いB社の教科書が「歴史の事実を歪曲している」と大きな論争を呼び起こし，歴史教師も少なからずこの議論に参加しています。そして大抵はB社の教科書を非難する側に立っています。採択率が1％を大きく切るそのB社の教科書に，どうして歴史教師の多くは厳しい視線を向けるのでしょうか。

　そして高校の歴史教師は，ひたすら一方的に語り続ける人が多いと思いませんか——どの教科の教師よりも座学の教授スタイルが好きではありませんか。しかもその語りは，時に上から目線だったり，押しつけがましかったりしませんか——知らないだろうから，教えてやろう，といった態度ではありませんか。なぜ彼らの多くは，皆さんと対話しようとしないのでしょうか。

　考えてみればとても奇妙に見えるこうした高校歴史教師の立ち居ふるまいは，どうして生じてくるのでしょうか。おそらく，これまでの高校の歴史教師の多くが支持してきた立場であろうと考えられる実証主義の考え方がこれに大き

く関わっていると思われます。

　この考え方について，高校の歴史教師は自身が高校生の時代にその時の歴史教師から学んだという人も少なくはないのですが，多くは大学時代の恩師（≒歴史学者）や研究室（≒歴史学研究室）の文化から受け継いでいると言えそうです。高校の歴史教師のほとんどは，大学時代に文学部もしくは教育学部で歴史学の専門的な訓練を，言葉は悪いのですが「中途半端に」受けています。どうして筆者が「中途半端に」と言うかといえば，彼らのほとんどは博士課程までは進学しておらず，学部卒か修士課程で修了しており，歴史学の専門的な訓練といっても，せいぜい2〜5年程度受けただけだからです。もちろんその間に，一次史料の解読及び解釈の訓練を受け，また先行研究をしっかりと読み込んでいくので，この点は一般の人々よりかなり高い歴史学の教養があることが多いです。ただ，ほとんどの歴史学の研究室では，よほど優秀な学生でもない限り，修士課程までの間に論文を書いてそこそこの規模の学会で発表するような経験をすることはまずありません。そのためほとんどの学生は自分の研究の発表の場が所属大学の内部の研究会だけに限定されてしまいます。また，ほとんどの研究室では，歴史研究がいかに困難な作業であるかを学生たちに伝え，生半可な気持ちではできないことや，ひたすら時間をかけて打ち込むものであることを伝えています。

　大学でこうした経験をしてきた高校の歴史の教師たちの多くは，学会発表に値する論文を書くことができる人たち（≒歴史学者）が，そもそも選ばれし才能を持つ人々，もしくは相当の努力家であると認識するようになります。中には自分がそうした選ばれし存在となるために日々研鑽する教師たちも一定数いて，在野の歴史研究者になるのですが，こうした修行とも言える行為を自らの

1. 歴史をいかに教えるべきか？　29

生徒に要求することはまずありません。生徒たちにいたずらに歴史研究「ごっこ」をさせて，根拠薄弱な歴史学説を好き勝手に創らせてしまうことを許してしまうのなら，特別な才能を持った歴史学者たちが莫大な時間をかけて取り組んできた歴史研究や学説は軽んじられ，歴史学を十分に習得していない人々による邪説を蔓延させてしまう事態を生み出しかねない，と彼らの多くが考えているからです。

　こうした高校の教師たちは，自らができることは，生徒たちのために，できるだけ信頼のある歴史教科書を選び，そして最新の学説や議論を踏まえてそれを子どもたちに間違いのより少ない形で伝えること，生徒の歴史認識の誤謬を正すことであると考えるようになります。ではどのような歴史教科書が信頼に値すると彼らは考えるのでしょうか。その答えはシンプルで，A社の教科書のように，有力な歴史学会を牽引する第一級の歴史学者が名を連ねた教科書です。逆に信用に値しない教科書は，そうした人たちが作成していない教科書ということになります。大抵の歴史教師は，すべての教科書記述の正確性を，一次史料を用いて自らの目で確かめるだけの力や時間はありません。ただ，誰が有力な学会で信頼されている学者であり，どれが学会で信用されている学説であるかについては，一般の人たちよりはるかに詳しいと言えます。そして誰よりもそうした第一級の研究者を尊敬しています。

　実証主義に立つ高校歴史教師の多くは，歴史学の教養が欠落すればするほど邪説にだまされる可能性が高くなると考えますから，高校の採用人事はできるだけ有名大学の文学部歴史学科の出身者を採用しようとします。また歴史学の経験が長ければ長いほど良いとされます。自らの仕事は有力な歴史学者の学説を正しく伝えることにあると彼らは考えるわけですから，授業は基本的に有力

な歴史学者の執筆した教科書や論文を解説するものとなりがちです。

　また，より正義感の強い人の場合，邪説を唱える異端者たちの言説，そしてこうした邪説の存在を結果的に認めることになると彼らが考える（そして歴史学研究の科学性や研究文化を破壊すると彼らが考える）構成主義や実用主義の歴史教育論を攻撃して，こうした言説に生徒や一般の人々が惑わされないようにすることが必要だと考えるようになります。人によってそれは授業の場だけでなく，インターネットで「使ってはいけない歴史教科書」のようなホームページを立ち上げて，日夜行われます。有力な歴史学の学会ではほぼ支持されていない，採択率がゼロに近い教科書であっても，それが歴史学の外の世界で支持される動きがある限り，彼らの攻撃は休まることはありません。彼らにとって歴史認識は間違ってはならないものなのです——歴史認識の間違いは，歴史に影響を受ける私たち自身の理解を歪め誤った判断につながるから，と彼らは考えるからです。たとえそれが漢字の表記であっても見過ごすことができない人もいます。英語にすれば同じGanjin（Jianzhen）になろうとも「がんじん」「がん真」と表記するのは×であり，「鑑真」と表記せねばならないと信じていたりします。場合によっては，足利義詮の「詮」のつくりの部分が「全」ではない点にまで拘ったりします。

　高校の歴史教師は誰よりも自分が間違うことを恐れる傾向があります——人と同じ教科書を使う傾向があるのはそのためでもあると考えられます。そして歴史学の権威に依存します。時の為政者には強い態度で臨みますが，歴史学者には極めて従順です。そして大抵の場合，自らも歴史学の学問共同体の構成員の端くれであると自覚し，またそれに見合った行動（読書や在野での歴史研究）をしようとします。これらの歴史教師の行為は，純粋に歴史学への尊敬や歴史

学の発展への祈念からくる行為である場合もありますが，自らの教えている歴史が正しいことを生徒や保護者にアピールしようとして，結果としてそうした行動をとっている面も少なからずあると言えます。

　「はじめに」で述べましたが，こうした高校の歴史教師が教える歴史を，大抵の生徒たち，特に学問に触れる機会が少なく学問共同体の持つ文化になじみのない生徒たちはあまり好まないようです。皆さんの周りではどうですか。そして筆者は，その原因が高校での学習形態がもっぱら座学であることにあるとは考えていません。そうではなく，もともと高校で教える歴史の内容の大半は皆さんの周囲の生活世界の中で特に価値があると思われていないことが原因の第一にあると思われます。加えて，高校の歴史教師の多くが良かれと思ってやっているこうした一連の行動によって，教師は教室において「歴史を語る資格のある」圧倒的な権力者となり，生徒たちは教師の言説をひたすら受け入れていくことだけが求められる無知なる存在とされてしまうことを，多くの生徒が嫌がっているのではないかと筆者は考えています。つまり，授業中に教師の言っていることに疑問を抱き，「先生，太平洋戦争は侵略戦争なのでしょうか。ある本を読んで疑問を感じたのですが」と生徒が質問しようものなら，「アジア太平洋戦争は侵略戦争だ，これは歴史学で確定されている事実なのだ」といった感じで対話をしようとせず門前払いをする，そうした教師の姿勢を嫌っているのでないかと思います[10]。

　また，歴史学者が価値を感じている過去（つまり歴史）の事実や作法はすべての人にも価値があると当然のように考え，その一方で一般の人たちが価値を感じている過去の事実や歴史的行為（主に第3章で紹介するもの）を軽視する，そうした彼らの姿勢を，多くの人たちが嫌っている可能性もあります。実際，有

力な全国規模の学会に所属する歴史学者の多くが研究対象として関心を持っているという理由から，高校の歴史授業で平安時代の京都の公家や寺社の文化や，享保年間の江戸の町火消し組織の整備や目安箱について学ぶことが，青森でも広島でも教師たちによって正当化され，その一方でそこに住んでいる住民にとってはずっと興味のあると思われる，自分の親族や地域により直接関わりのあるねぷた祭りや広島カープの歴史，はたまたアニメーションや医療（病気）の歴史のように，もっと彼らの社会生活に密着した実用的なことを学ぶことのできる歴史は，些細な話とされがちです。

　考えてもみてください。一般に学問に触れる機会が少ない人たちは，学校段階が上がるにつれて学校においてより脇に追いやられやすく，ただでさえそのことに不満を持つのに，高校の歴史教師は他のどの教科の教師よりもそうした人たちを二級市民であるかのように扱い，彼らにとっては「どうでも良い」ことを事細かに記憶することを要求してくるのですから，高校教師や彼らの教えていることを好きになりようがないとは思いませんか。

　実証主義の歴史学と歴史教育の試みは，少なくともそれを支えている人たちの目から見れば，崇高な目的を持つプロジェクトです。しかし，そのことを快く受け止めてくれる一般の人たちは決して多くはなく，また，その支持者を増やすのは至難の業です。どの国でもこうした試みが上手くいっているという事例はなく，「永遠に達成不可能なプロジェクト」と言えます。また，こうした実証

※10　教師たちは生徒を軽んじる時，生徒を教科書や教師の語りを受け入れるだけの存在としてしまう傾向があり，生徒の抵抗を様々な形で引き起こす，といった調査結果も，海外の研究ではありますが発表されています。Pace, Judith L. Teaching for citizenship in 12th grade government classes. In Bixby, Janet S., and Pace, Judith L. ed. *Educating Democratic Citizens in Troubled Times: Qualitative Studies of Current Efforts*, SUNY Press, 2008.

1. 歴史をいかに教えるべきか？　33

主義の歴史学や歴史教育の試みは，学校教育は民主主義に寄与しなければならないと考える筆者のような人たちから見ると，とても看過できない問題をもたらしているように思えます。それは，学問的権威について，自分たちの目や足で十分な確認をしないままに受け入れる姿勢を生み出すことになりかねない点です。

　次章で詳しく紹介する米国の歴史教育の研究者サム・ワインバーグ[11]は，歴史学者たちが，出典や引用に有力大学の研究者の名前が並んでいると，そのことでその文章を信用してしまう傾向にあるという調査結果を明らかにしています。これはある意味，実証主義の歴史学者と歴史教師の職業病と言っても良い部分でしょう。そして，このことが民主主義社会の形成に寄与するところなど何もないのであり，むしろ大きな脅威となるでしょう。

　皆さん，自分の学校の教科書がA社で良かったと思っていたり，逆にA社でないことに不安を覚えていたりしていませんか。A社じゃないと正しい歴史を知ることができない，なんて考えていたとしたら，こうした歴史教師の権威主義的な姿勢が，もうしっかりあなたに伝染しちゃっているかもしれませんよ[12]。

※11 米国を代表する歴史教育の研究者で，構成主義の歴史教育の擁護者として知られています。現在はスタンフォード大学の教授です。代表作は次の著書。サム・ワインバーグ著（渡部竜也監訳）『歴史的思考—その不自然な行為』春風社，2017年。

※12 ただし，日本史A，世界史Aの教科書は必ずしもA社ばかり採択されているわけではありません。日本史Aや世界史Aは，日本史B，世界史Bと比べると実用主義の世界観に近い歴史教育を求める科目であり，その分，A社の教科書でなければならないという意識が高校の教師に芽生えにくいのかもしれません。

2. なぜ私たちは歴史的思考を学ばなければ ならないのか？―構成主義の可能性と課題

今，日本の高校の歴史教師の間で急速に注目されるようになったのが，歴史教育を通じて歴史学者だけでなく一般の人々も歴史的思考を身につけて，一次史料と格闘して独自の説を構成できるようになるべきだ，とする構成主義と呼ばれる立場です。

　たとえ日本国内の歴史といえども世界的に研究をする者たちが増えて多様な学説が乱立するようになり，また研究技術の進歩などにより次々と従来の学説がひっくり返されるようになった昨今，長きにわたって信じるに足る正統の学説を確定することが難しくなりつつあります。それに加えて，先ほども述べましたが，いかなる研究者の歴史研究も，その主題選択だけでなく事実解明や解釈に至るまで，現代社会の価値観や問題関心から逃れることができないという世界観の影響を歴史学も受けるようになり，実証主義の研究観や教育観に疑問を抱く者が増えてきています。実証主義の一般での不人気も手伝って，歴史的思考は歴史学者だけでなく広く一般市民が共有するべきものであり，そうすることで一般市民も歴史的な出来事の事実解明や解釈に参加することができるようになるべきだ，とした考え方が台頭し，歴史教育を変える鍵として期待されるようになってきました[※1]。

　この立場において一番問題となるのは，歴史的思考とは何か，という点です。

※1　この構成主義という立場は，歴史研究における歴史学者の特別扱いを否定し，一般の人たちも歴史研究に参加すべきだし，参加できるように教育されるべきであるとする点や，歴史学の研究成果よりも歴史学固有の研究作法（歴史的思考）を重視する点に共通性があります。しかし，歴史学者の研究成果を彼らの主観的な作品に過ぎないと捉えて歴史学者の存在を軽視するような立場から，歴史学者が抱く問題関心とその問題に対しての歴史学者たちの対立するアプローチや最終見解（学説）は，すべての一般市民も共有すべきものであると捉える，歴史学者の問題意識や学説を重視する実証主義の立場に限りなく近い立場まで，内実は様々あります。

2. なぜ私たちは歴史的思考を学ばなければならないのか？―構成主義の可能性と課題　37

歴史的思考とは，歴史学者が歴史研究の際に共通に用いる，しかし他の学問領域の人たちは有していない思考パターンと大まかには定義することができますが，それが具体的には何であるのかと問いかけると，論者によって主張に食い違いが生まれる，というのが実態です。それは歴史学者が実際には多様なアプローチによって歴史研究を行っているからです。歴史的思考を研究する米国のワインバーグらの指摘するところを踏まえるなら，概ね次の思考が歴史的思考と呼べそうです[2]。

(1) 史料の厳密な読解と出典の確認（close reading and sourcing）

(2) 証拠や論拠のある歴史的推論（historical reasoning with evidence）

(3) 歴史的文脈への配慮（contextualized thinking）

(4) 年代順の思考（chronological thinking）

　管見の限りなのですが，日本の歴史教師の中で構成主義を支持するようになった人たちの多くは，もともとは実証主義の立場にあったようです。歴史学の内部に多様な学説が登場することで，一般の人たちに歴史教師が伝えるべき正統なる歴史とは何かをめぐって論争が生じるようになり，そうした論争のうちのいくつかは政治的イデオロギーの対立を伴うものでした。このようなイデオロギー対立に対して，実証主義の立場は無力であるように思えた教師も少なくなかったのだと思われます。そして彼らを引きつけたのは，歴史的思考の見た目の「中立性・客観性」，そして「汎用性」にあったのではないかと思われます。

　構成主義の歴史教育は，一般に革新系とされる労働組合系の教師や研究者の

一部からも，逆にそれを攻撃する保守系とされる教師や研究者の一部からも提唱され支持されており，そして彼らの間に展開するイデオロギー対立の落としどころとして教師や研究者たちに評価されることも少なくありません。本当は歴史授業でどのような歴史的論争問題を主題とするのかについて，それぞれの立場で違いがあります。しかし構成主義を支持する人たちの多くは，あえて政治色の出ないテーマ，例えば鎌倉幕府の成立がいつであるのか，だとか，藤原氏の政治体制を「摂関政治」と呼ぶことに賛成か，といった話題を選び，さらには歴史の内容よりも思考力を育てる学習として意味づけていくことで，自らの立場の中立性・客観性を装う傾向にあります（皆さんもこのあたりの話題を議論した経験はありませんか）。また，そうした学習活動を通して学び取ることになる歴史的思考は，イデオロギー対立の色濃い歴史的論争問題での議論や，さらには歴史以外の領域，例えばマスコミが提供している情報についての批判的分析にも活用できるだけの汎用性がある，とこの立場を支持する教師の多くが信じています。

　しかし，たとえそうした人たちの言う通り歴史的思考が客観的で中立的なものであるとしても，その活用の仕方次第で，それは民主主義社会の形成に貢献することもあれば，これを大きく妨害してしまうこともあります。また歴史的思考の汎用性についても疑問視する動きがあります。本章では歴史的思考の利点や欠点といったことを話題にしたいと思います。

※2　この四つで歴史的思考の全体を論じることになるわけではないことは筆者も自覚するところです。しかし紙幅の問題もあり，お許しいただけたらと思います。

2. なぜ私たちは歴史的思考を学ばなければならないのか？―構成主義の可能性と課題　39

（1）史料の厳密な読解と出典の確認

●

　史料（資料）の出典を確認すること，信憑性を吟味することや厳密に読み込むことの重要性は，歴史研究に限定されるわけではありません。ただ，どの学問よりも歴史学は史料の信憑性や史料が示す事実が何であるのかを確定する作業が困難であることは，多くの人の認めるところでしょう。時代が古くなればなるほど文字を書いたり紙などに絵で表現したりできる人たちの絶対数は少なくなりますし，残される史料の量も減ってきます。その中で，奇跡的にも今日まで残ってきたとされるその史料が，まず信頼できるものであるのか，そしてどのような文脈において誰が何のためにその史料を作成したのかを理解・判断するには，その史料が作成された時代についての知識がある程度必要となるでしょうし，それ以上に，一種の想像力が必要になるのであって，経験が求められます。

　例えば，皆さんの中には，歴史の教科書には正しい事実が記載されていると考える人もいるかもしれませんが，こうした歴史的思考を身につけている歴史学者や一部の教師は，教科書の文章を誰が書いているのか，どのような史料をどのように解釈して根拠づけているのかといった問題関心から教科書を読み込もうとします。こうした一例を挙げるだけでも，歴史学者たちが高いメディア・リテラシー（情報伝達媒体を批判的に読み込み対処する力）を備えているように皆さんには思われるかもしれません。

　そのため，歴史学者や歴史教師の中には，史料読解の技能を身につければ，現代の高度情報化社会に対応できるような，情報についての批判的な読解力も身につくと考えて，歴史の授業で一次史料の読解や吟味をさせることこそが，メ

ディア・リテラシーを今日の市民に培っていく上での最短かつ最も効果的な手段となると主張する者たちも少なくありません。先の章で取り上げた米国の歴史教育研究者であるワインバーグもその一人です。いやその一人でした，と言った方が良いかもしれません。

　ワインバーグは次のような実験をしました[3]。一つはアメリカ小児科医学会（American Academy of Pediatrics）という全米組織のホームページ（HP）と，もう一つはアメリカ小児科医科機構（American College of Pediatricians）のHPに書かれているいじめの記事についてそれぞれ10分ばかり読んでもらった後，どちらの研究組織をより信頼できる情報源と判断するのかを問いかけるものでした。被験者たちはHPをクリックして，その全体を眺めても良いとされました。ちなみにアメリカ小児科医学会は会員6万4000人の全米最大の小児科医の学会であり，対してアメリカ小児科医科機構は会員数百人程度の団体で，悪意のあるアンチ・ゲイの主張や（カリフォルニア州やオレゴン州で未成年に施すことが違法になっている）同性愛者の「転向療法」を支持するなどの姿勢が批判されている団体です。児童性愛者とLGBTを同列に扱うことでも批判されています。また，研究成果の誤読や誤用が頻発し，多くの自然科学者が絶縁状をつきつけています。ところが高校生だけでなく，ワインバーグの期待を裏切って，著名な歴史学者たちまでもが，この評判の悪いはずのアメリカ小児科医科機構の方を「信頼のおける情報源」と判断してしまったのです。ワインバーグの言うところによると，歴史学者たちの多くはまずアメリカ小児科医科機構という名前が，いかにも学術研究団体であるような名称であることで信頼してし

※3　Wineburg, Sam. *Why Learn History: When It's Already on Your Phone.* The University of Chicago Press, 2018.

まっていたと言います。さらに、小児科医科機構のHPの方が、原稿におけるそれぞれの主張の出典を丁寧に明記しており、しかも原稿を大学の研究者らが執筆していたことや、その原稿での主張が彼らにとっては納得のできるものであったことが、よりこの団体を信用に値すると彼らに判断させることになったのだそうです。彼らは誰一人、その主張の出典元の学術論文が、どの程度信頼のおける学会誌に掲載されているものであるのかを確かめることもなく、それが学会誌であるというだけで、信用していたのだそうです。

　その後、ワインバーグは、インターネット記事の誤謬や偽情報を見抜くプロであるファクトチェッカーと歴史学者のHPの読み込み方にどのような違いがあるのかを解明するために、彼らが何を見ているのかを確かめる実験をしました。そこから、文字史料や絵画史料といったアナログを相手にする場合と、HPのようなデジタルの情報媒体を相手にする場合とでは、必要とされる技能が異なることを確認したのです（ここでは紙幅の問題もあるので、どのように異なるのかについては省略します）。

図6　アメリカ小児科医科機構のホームページ（2019年6月現在）

この研究結果は米国でもかなりの驚きをもって受け止められています。ただし，この結果をもって歴史授業において一次史料を扱うことは現代のハイテク・メディア社会において何の意味もないと断じてしまうのは大変に危険かと筆者は考えています[※4]。今後の追検証の報告を待つべきでしょう。しかしそれと同じくらい，歴史の授業において一次史料を扱って読解させておけば現代社会の諸情報の批判的吟味はたやすいと決めつけてしまうことも，危険ではないかと思います。

（2）証拠や論拠のある歴史的推論

●

　歴史学者の推論は，必ず証拠に基づかねばならず，また第三者が納得するような論理性を持っていなければなりません。考えてみれば，これは歴史学だけでなくすべての科学で求められることですし，民主的に合理的な対話をすることを望むすべての市民にも必要とされる姿勢です。想像や思い込みで話をしていては，建設的な議論は不可能でしょうから。

　社会学などの場合，証拠が多少薄弱でも，説明力のある法則や理論を用いて事象を解釈することが許されることがありますが，歴史学でこれは御法度です。このことは，十分な証拠もないのに，これまでそうだったから今回もそうであろうと類推する社会学者の危なさに比べて，歴史学者の発言の信用性を高める

※4　ワインバーグの実験に対する批判も存在します。*Commentary on a Stanford University Study*, American College of Pediatricians (https://www.acpeds.org/the-college-speaks/pr/commentary-on-a-stanford-university-study?highlight=Stanford)

ことになってきました。しかし,歴史の負の側面を消し去ろうと証拠を隠滅されてしまった場合,歴史学の研究姿勢では手も足も出なくなるという課題もあります。

　構成主義の歴史教育を支持する人たちは,大抵の場合,歴史教育が証拠や根拠のある推論を教えるのに最も適していると考えています。なぜなら,歴史学はどの学問よりも証拠や根拠のある推論を重視するからです。そして,できるだけ早い年齢から歴史教育でそうした活動に従事させることが大切だと考える傾向があります——米国の歴史教育の研究者であるブルース・ヴァンスレッドライト[※5]もそうした考えを持つ一人です。彼の研究関心は,子どもたちが何歳くらいからこうした活動に取り組めるのかという点にありました。彼はアメリカ独立戦争の発端となったレキシントン・グリーンの銃撃戦を題材に,誰が最初に銃を発砲したのかについて,一次史料を活用させながら,小学校5年生に様々な説を提唱させました。当初から子どもたちは,戦闘に参加した両陣営の兵士の証言よりも「見物人」は偏見を持たずに状況を語るだろうとか,日記は

図7　レキシントンの戦い（1775年）

もともと人々に公開することを意図していないので，そこの記述内容は他の史料よりも信頼ができる，50年後に書かれた回想は信頼できない記憶に基づいている，など指摘していました。しかしその3日後，それぞれ説を立ててぶつけ合う段階になった時，子どもたちは3日前に目にした証拠を軽視し，勝手な空想を展開して自らの説を論拠立ててしまいました。ヴァンスレッドライトは，10歳程度では証拠の信憑性の判断は多少なりともできるが，証拠を用いて論拠づけることはできず，ただ辻褄の合う空想物語を語るにとどまると結論づけました[6]。

　これに対して，同じく米国の歴史教育研究者であるキース・バートンとリンダ・レヴスティク[7]はヴァンスレッドライトとは違った見解を示しています[8]。バートンらは自身の調査結果から，証拠の信憑性について10歳の子どもでもかなりの判断ができ，例えばローマの帝国支配についての二つの異なる説明のなされた文章が歴史家それぞれの「解釈の違いや証拠を入手できたかどうかといったことから導かれる」ことを知っているけれども，10歳の子どもでなく中

---

[5]　ブルース・ヴァンスレッドライトは元メリーランド大学（米国）の教授です。構成主義の歴史教育を支持することで知られた学習心理学者です。多数の歴史教育の著作があることでも知られています。

[6]　Vansledright, Bruce. Fifth graders investigating history in the classroom: result from a researcher-practitioner design experiment, *Elementary School Journal*, Vol. 103, No.2, 2002.

[7]　いずれも米国の歴史教育を専門とする教育学者で，キース・バートンは，現在はインディアナ大学の教授，リンダ・レヴスティクは，現在はケンタッキー大学の教授です。二人の代表作は，キース・バートン＆リンダ・レヴスティク著（渡部竜也，草原和博，田口紘子，田中伸訳）『コモン・グッドのための歴史教育―社会文化的アプローチ』春風社，2015年などがあります。

[8]　キース・バートン＆リンダ・レヴスティク著（渡部竜也他訳）『コモン・グッドのための歴史教育―社会文化的アプローチ』春風社，2015年，第4章，第10章。

学3年生であっても，そのことを「歴史家は確信のある事実を持ち合わせていない時，その欠落部分をでっち上げて補うという意味に捉えていた」ことを確認しました。彼らは子どもたちから「（確信のない事実について）どちらかの意見を正しいと判断する方法なんて，どうやってもあり得ないのだから，すべてを受け入れるしかないじゃん」といった声を拾っています。また，英国の教師たちも子どもたちが証拠からではなく空想で推論することに手を焼いている実態があることを彼らは紹介しています。

　一方で北アイルランドでは，同じくらいの年齢の子どもたちが証拠と論拠のある歴史的推論に携わることができている姿をバートンたちは現地の学校で確認していました。そこでバートンらは「正統的周辺参加」（「はじめに」を参照）の考え方を適用して，この事態を読み解こうとします。すなわち，米国や英国の子どもたちが中学生であっても証拠を踏まえず空想で推論するのに対して，北アイルランドの子どもたちは証拠や論拠のある歴史的推論ができるという矛盾した結果になった原因は，米国や英国の教師の技量が北アイルランドの教師に比べて劣るからでも，子どもの発達段階の問題でもなく，それは彼らを取り巻く環境の違いである，と彼らは論じたのです。

　バートンらはデューイの探究論をひもとき，探究には，それを解き明かしたいという動機，さらにその探究をすることを彼らが必要と感じるかどうかが大きな鍵となることを確認します。そして次のように考えました。北アイルランドの子どもたちは，プロテスタントとカトリックが対立する日常の中で，学校での歴史の語りと家での歴史の語りが異なる経験を頻繁にすることになります。そうした状況に置かれている彼らにとって歴史事象をめぐる解釈論争は，歴史学者の問いというだけでなく，彼ら自身の問いとなりやすいのです。彼ら

の多くは慎重に証拠を吟味し，真実が何かを見極めたいと感じているわけです。これに対して，英国も米国も，子どもたちはめったなことがない限り，そうした状況に置かれることがありません。また周りの大人たちもこうした解釈論争の多くに興味もありませんし，そうした論争を議論できるようになることを特に子どもたちに要求していません。バートンらによると，少なくとも米国では歴史を学ぶ理由として「歴史学者のように歴史を主体的に解釈するため」を回答に挙げる子どもに出会ったことがないと言います。ましてやレキシントン・グリーンの銃撃戦をめぐる解釈論争など，一般の人々はおろか歴史学者だって議論をすることのないテーマであって，これについてわざわざ手間のかかる証拠や論拠のある歴史的推論に従事する必要も動機も子どもたちにはないのではないか，またローマ帝国の論争も，結局は歴史学者の関心事でしかなく，彼らはその議論を真剣に取り組むいかなる動機もない——このようにバートンらは推論しました。

　カナダの歴史教育の研究者であるピーター・セイシャス[9]も，歴史学者と同じ研究活動に子どもたちが携わることを期待するのは，彼らが歴史学者の専門職共同体の一員ではないという理由から，やはり問題であると指摘しています。その上で，もしこうした活動に子どもたちを参加させたいのであれば，彼らのほとんどがその構成員とならない共同体（すなわち歴史学者たちの共同体）で生じる問いではなく，彼らの生活や世界において立たされている状況を理解するのに役立つ歴史的論争問題から始まるべきであると主張しています。バートンとレヴスティクもこの主張に賛同し，もし米国の子どもたちが真剣に証拠や

※9　ピーター・セイシャスはカナダを代表する歴史教育の研究者で，現在はブリティッシュ・コロンビア大学の教授です。

論拠のある歴史的推論を展開するとしたら，ベトナム戦争のように，社会でも
たびたび議題に上がるような政治的・イデオロギー的テーマでなければならな
いだろうと論じています。

　日本ではどうなのでしょうか。実は日本において，歴史教育の議論はもっぱ
ら教える側の論理で展開しており，子どもたちがそれをどのように受け止める
のかということについては，ほとんど議論されてきませんでした。しかし近年
登場した星瑞希の研究[※10]は，子どもたちの受け止め方にも注目しています。星
によれば，平均的な学力の高校で構成主義の歴史教育を実施して，一次史料か
ら学説を創らせる授業をすると，全員ではなくとも多くの生徒が米国や英国の
中学生とは異なりそれなりに証拠に基づいた論拠のある歴史的推論を展開する
そうです。しかし，それを行う生徒たちの意味づけはもっぱら「その方が歴史
的知識を覚え易い」といった受験に向けた動機と関連づけられてしまうのであ
り，教師側が子どもたちに抱いている，歴史学者のように巧みな歴史的思考を
通して主体的な歴史の解釈者になって欲しいとする期待は全く無視されていた
事実を報告しています。星は，高校生が受験という動機から学んでいる限り，受
験が終わったら学習したことのほとんどが洗い流されてしまうのではないかと
危惧しています。その一方で，セイシャスやバートンらの指摘の通り，現代の子
どもたちの社会生活に通じるテーマを議論させたりする場合，偏差値の低い学
校であっても，生徒たちの口から，不正確ではあるものの，歴史の授業で学んだ
話が次々と紹介され，さらには，歴史を学ぶ意味についてはっきりと説明でき
る生徒の姿があったと言っています。

　構成主義を支持する教師の多くが，政治的・イデオロギー的対立に辟易して
この立場に流れてきたこともあり，あえてイデオロギー対立を呼び起こすよう

な歴史の解釈論争を避ける傾向にあることを筆者は本章の冒頭（39頁）で紹介したかと思います。もしこうした姿勢で構成主義の歴史教育を展開したとするならば，座学に慣れ切った子どもたちの多くは，最初こそこのタイプの歴史教育のアクティブな姿勢に対して，物珍しさも手伝って好意的な反応を示すかもしれません。しかし，やがて「座学の歴史授業よりはまし」といった程度の評価に落ち着いてしまい，再び子どもたちは学びに意味を感じることができず，結局学びから逃走してしまうのではないでしょうか。また，受験に一次史料の解釈を取り入れるなどすれば，子どもたちはその時は教師たちの前で歴史的推論ができるようになろうとするかもしれませんが，ほとんどの生徒は大学合格後，きれいさっぱり忘れてしまうのではないでしょうか。

　そして何より私たちが危惧すべきは，こうした歴史学習が，「どちらかの意見を正しいと判断する方法なんて，どうやってもあり得ないのだから，すべてを受け入れるしかないじゃん」，つまり「みんな違ってみんな良い」とした相対主義的な歴史観を人々にもたらしてしまい，少々根拠のない学説までも受け入れる寛容さをもたらしつつも，しかしそれらの学説の正しさを自分たちではとことんまで確認・追究しないという実態を生み出してしまうことにあるのではないでしょうか。これは実証主義の歴史学者や歴史教師が最も恐れる事態，つまり邪説をはびこらせることになります。こうしたことで最も喜ぶのは，歴史の主要学会から排除された学説を唱える者たち，特に保守派の政治家が好んで引用する歴史学者たちでしょう。

　興味深いことに，構成主義の歴史教育が注目されている国は，英，米国，そ

※10　星瑞希「生徒は教師の歴史授業をいかに意味づけるのか？―「習得」と「専有」の観点から」『社会科研究』第90号，2019年。星は東京大学教育学研究科の院生です。

して日本と，いずれも保守勢力が政権を握っているところばかりです。これら
の国々は，構成主義の歴史教育を採用することで，歴史学の学問的発展の中で
徐々に否定されてきた，しかし保守派にとっては好都合な学説を再び学校教育
の現場で取り扱うことを可能にしました[11]。

　政治的・イデオロギー的対立を生む論争を歴史授業において回避することは，
相対主義的な歴史観をより人々の間に蔓延させることになる恐れがあり，それ
はおそらく保守勢力のねらいとするところでもあります。バートンらの議論を
踏まえるなら，むしろ歴史教師は積極的にセンシティブな論争を取り入れ，ど
ちらが正しいのか，皆さんのような生徒に徹底的に証拠を吟味させて判断させ
る機会を保証していくべきなのかもしれません。それによって，もし南京虐殺
や従軍慰安婦などの強制連行の存在が生徒たちに否定されてしまうような結果
になったとしても，それは仕方がないのではないでしょうか。もしそれらが歴
史的事実であると歴史教師が信じているのなら，その教師は証拠をもってそれ
に懐疑的な生徒たちと対峙し，対等に論争していくべきでしょう。その時初め
て，教師たちも生徒たちも，歴史的思考を学ぶことの今日的な意味を理解し，互
いが納得のできる結論を導き出す方法を理解することになるでしょう。それこ
そが，イデオロギーが対立するセンシティブな歴史の論争問題に対しての真に
民主主義的な，そして唯一無二の問題解決方法だと筆者は考えます。

（3）歴史的文脈への配慮

●

　歴史的文脈に配慮する思考は，歴史学の中で最も重視されてきた思考と言っ

ても過言ではないでしょう。つまりそれは，現代人の常識や価値観を一度捨て去って，史料を丁寧に読み，その時代の人間の価値観や世界観を明らかにして，そこから当時の人々の言いたかったことや彼らの行為を理解していこうとする考え方です。こうした思考は現代においても異文化理解のために大変に有効であり，現在当たり前とされている価値観や常識を問い直すことにもつながるといった理由から，歴史教育においてそれを重視するべきだと主張するのが，米国の歴史教育研究者のワインバーグです。

　そしてワインバーグが最も嫌うのが，「現在主義」と呼ばれる，現在の常識や価値観で歴史を見たり考えたりすることです。ワインバーグは，米国の進学校に通う歴史の成績の良い高校生や歴史学科に所属する大学の学部生をよく研究対象に選んでいます。それは，米国ではどんなに成績の良い生徒でもその多くが（いやむしろそうした生徒の方が），現在主義に毒されていることを証明したいがため，そしてそうした現在主義を呼び起こしてしまうアメリカの高校や大学学部の歴史教育を批判したいがためです。ワインバーグは，例えば，リンカーン大統領の演説を大学生に読ませて，リンカーンの意図はどこにあるのかを検討させるという実験をしたことがありました。歴史についてあまり知識がないという理系の学生は素直に史料を読み込んで，リンカーンの本意がどこにある

※11　多様な見解を認める構成主義の歴史教育は，逆に，既成勢力にとってより都合の良いはずの従来型の常識的な歴史観の基盤を揺さぶってくる可能性もあり，このことは一見，保守勢力にとって都合が悪いことのように思うかもしれません。しかし英米日において保守勢力は，歴史のナショナル・カリキュラム（学習指導要領のようなもの）の遵守を徹底させることで，彼らが教えたい歴史の大枠を法的に強制することに成功しています。加藤公明のような革新系の人たちだけでなく，坂本多加雄（1950〜2002）ら保守系の人たちも構成主義の歴史教育を支持するのは，こうした理由があるからだと思われます。

のかを丁寧に探ろうとし,実際にかなり真意に近づくことができたのですが,一方で歴史学科の大学生は,早々に中途半端な歴史の知識や現在の価値観から「リンカーンは実は人種差別主義者だったんだよね」と決めつけて史料を読み,すべての史料をリンカーンが人種差別主義者であったことの証拠であると判断する根拠にしてしまいました[※12]。

ワインバーグが言う通り,歴史的文脈に配慮する思考は,歴史研究に限らず,今日の民主主義社会の形成においても大きな貢献をする思考であろうと思われます。人は自分より劣ると思う人たちの思考について,自分たちの価値観から「合理的ではない」「愚かである」と決めつけて見てしまう傾向があります。でも,

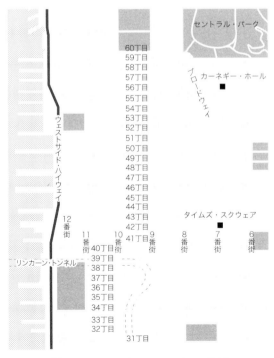

図8　ニューヨーク,マンハッタンの地図

その人たちが埋め込まれている社会的・歴史的文脈から捉えるなら，大抵は彼らの思考や行動にもそれなりの合理性や論理性があるものなのです。例えば米国のタクシー運転手の多くは米国に来たばかりの移民で，その街のことをほとんど知らなかったり，時には地図を十分に読めないこともあります。それでどうやって運転手の仕事をするんだろう，米国はいろいろ大変な国だ（日本は暮らしやすい国だ）とついつい日本に住む者としての感覚で思ってしまいがちですが，実は大抵の場合，彼らはちゃんと目的地まで連れて行ってくれます。それはその国が培ってきた都市計画が根本的に日本の都市の多くとは異なっていて，大抵の都市は札幌市内のような碁盤の目状の区画と「北1条2丁目」のような「条丁目」方式の地名を採用していることで，地図をあまり必要としない（道に迷いにくい）という歴史的背景もあります。日本は全国民がそろばんを使えるようにしっかり訓練をしようとする国ですが，米国はそろばんが使えない者がいるなら誰かが電卓やバーコードを生み出すことで，彼らが無理をしなくても困らない体制を整えようとする国なのです。相手を馬鹿にする前に，どうしてだろうと考えて，彼らの語りをしっかり聞き，彼らの書いた文献を熟読し，彼らの行動をつぶさに観察して落ち着いて熟考するならば，自分が持ち得ない世界観や価値観，そして彼らなりの合理性や論理性を彼らが持っていることに，大抵の場合，気がつくことができます。こうした文脈に配慮する思考は，自らの成長のためにも，そして他者との対話を築くためにも，欠かすことができません。逆にこうした思考がない場合，他者との対話は生まれにくくなります。そして対話の欠落は，多様な人々が議論に参加することが求められる民主主義社会

※12 サム・ワインバーグ著（渡部竜也監訳）『歴史的思考―その不自然な行為』春風社，2017年，第4章。

の大きな脅威となります。

　ちなみに，歴史的文脈に配慮して考えることが子どもにとってどのくらい困難なことなのかについては，意見が分かれるところです。先のワインバーグは，かなりの訓練を受けないと身につかない高次な思考であるとして，これを「不自然な（自然に学ぶことは不可能な）」思考と呼んでいます——ちなみに彼に言わせれば「現在主義」が「自然な思考」，つまり日常に蔓延する，自然に身につけている常識的な思考とされています。しかし，バートンとレヴスティクは，魔女裁判を取り扱った小学校高学年の歴史授業での子どもたちの様子を観察する中で，子どもたちはもともと，過去の人間は今の人間と違った思考をしていること自体は気がついていると指摘していますし，英国で子どもの歴史認識の研究をしているローザリン・アシュビーとピーター・リーの調査によると，7，8歳の子どもでもすでにそうした思考を身につけていると報告しています[13]。

　さて，こうした歴史的文脈に配慮する思考ですが，手放しで喜べない問題もつきまといます。それは過去の判断や行為を，その気になればほぼ何でも「その当時の時代背景を考えるなら，その判断や行動は致し方なかった」と言って正当化できてしまうことです。小林よしのりの『新ゴーマニズム宣言　戦争論』のシリーズ[14]は，まさにこのロジックで過去の日本の韓国・台湾の植民地化も戦争でのいくつかの行為も日本の捕鯨も擁護しています。小林は，今はアダルトビデオを見ている諸君も，後にそれが人権問題だということになり，自分の孫にそのことを批判されて人類の敵かのように思われたらどうするのか，と多くの読者が大変に共感しやすい論法で呼びかけてきます。おそらく小林の言い分と同じ思いを先の大戦や日本の植民地政策に対して抱いている人が少なからずいると思われます。そしてこうしたロジックは，行き過ぎれば，過去を反省す

る行為までも「現在主義」の一種として愚行（ぐこう）と見なす危険性もあります。少なくとも，この思考に過去を反省する姿勢が生まれにくくなる性質があることは確かでしょう。日本においても歴史的文脈に配慮する思考が優秀な高校生や歴史学科に通う大学生にまで欠落していることを憂慮する人がいますが，むしろ日本において本当に問題にすべきは，こうした思考を持つ一般の人々が実生活でそれをどう活用しているのかということの方なのかもしれません。

　バートンとレヴスティクは，歴史的文脈に配慮する思考をする際には，ただ当時の価値観や常識を理解するだけで満足せず，いかなる時代にも違った見識を持つ人がいたことにまで配慮し，選択肢の多様性を理解することが大切であると主張しています。なるほど，確かに小林よしのりが『新ゴーマニズム宣言　戦争論2』の中で言うように，ウィルソン大統領が第一次世界大戦後に帝国主義を批判するようになるまで，世界のほとんどの国では帝国主義は肯定的な意味であったかもしれません。そして日本が帝国主義の道を歩むことは，当時の常識から照らせば当然のことであったのかもしれません（実際，このことを根拠に，日本の明治期の植民地政策を小林は擁護しています）。しかし韓国の植民地化には当時でも反対する人たちがいましたし，幸徳秋水（こうとくしゅうすい）のように帝国主義の矛盾に気がつく人も第一次世界大戦より前に日本にもいました。また，第一

※13　リーとアシュビーは1990年代のイギリスを代表する歴史教育の研究者です。
※14　小林よしのり『新ゴーマニズム宣言SPECIAL　戦争論』幻冬舎，1998年。同『新ゴーマニズム宣言SPECIAL　戦争論2』幻冬舎，2001年。同『新ゴーマニズム宣言SPECIAL　戦争論3』幻冬舎，2003年。同『ゴーマニズム宣言SPECIAL　新戦争論1』幻冬舎，2015年。小林よしのりは，保守系団体による中学校歴史教科書の作成に加わった一人であることでも知られている漫画家です。筆者が子どもの時に小学館の『コロコロ・コミック』に連載されていた「おぼっちゃまくん」が漫画の代表作です。

次世界大戦の後に，帝国主義の問題が世界的に主張されるようになってきてからだって，日本は朝鮮・台湾に対して別の方針をとれた可能性もあるわけです。

　このような意見に対しては，情報化が進んでいない，そして民主主義が根づいていないがために人々の政治についての理解が貧弱である時代において，そうした異見（いけん）を持てた（もしくは第一次世界大戦後に世界の植民地に対する考え方が変化してきたことを敏感に理解できた）のは見識と才覚のある一握りのエリート，いわば選ばれし英雄だけではないか，一般の民衆や凡人がそうした異見を持てる可能性は皆無に等しいのに，どうして批判できるのだ，と反論する方もいるかと思います[15]。

　こうした反論に対しては，バートンとレヴスティクの次の興味深い主張を参考にするならば，応戦することができるかもしれません。

　　歴史学習をもっぱらこの部分（＝歴史的文脈への配慮）にのみ焦点化していくことは，コモングッド（共通善）の問題を熟議する能力を軽視してしまうような，ちょっとした（時にはちょっとどころではない）偏見へと私たちを導いてしまう。一つ例示するなら，例えばもし私たちがエンパシー（＝歴史的文脈に配慮する思考）を歴史的思考の主要なツールと考えるならば，私たちの分析は，太平洋での第二次世界大戦の終期に広島と長崎に原爆を落とすという決定に影響した要因に集中しそうだ。（中略）しかし私たちの目的が子どもたちに民主主義への準備をさせることであるならば，必ずしもこれはこのトピックを理解する最も重要な方法ではないかもしれない。（中略）民主主義というヴィジョンは，動機に関するものではない。すなわちそれはプラグマティックな行動なのであり，それは各々の価値観が

それぞれ異なろうとも, 合意できることについて考えることである。(中略) そうした熟議の目的は, 将来について合意に達することにあり, このことは私たちの行動の予想される結果について考慮することを要求する。これまで歴史的出来事の原因だけを評価し, それがもたらす結果を見極めてこなかった子どもたちは, この課題への準備ができていない可能性がある。(キース・バートン&リンダ・レヴスティク著〔渡部竜也, 草原和博他訳〕『コモン・グッドのための歴史教育―社会文化的アプローチ』春風社, 2015年, 341〜342頁)

　バートンらの主張は, 要するに今日の民主主義社会に生きる私たちにとって必要なことは, 出来事の原因や行為や判断の動機がどうであったのかよりも, それらがもたらした結果がどうであるのかを直視して, 相手も納得できる改善策を考えることの重要性を訴えるものです。これを日本の朝鮮・台湾の植民地化の話題に置き換えると次のようになるかと思われます。当時の常識では世界で自立できない民族や国家を植民地化することは正当な行為であり, むしろ相手国のためとすら考えられていました。その点で, 日本は非道徳的であるが故に朝鮮・台湾を植民地化したとする言い分を受け入れる必要はないのかもしれません。しかし, そのことで日本の植民地化が今日正当化されるわけではありません。確かに朝鮮半島や台湾では植民地化によって近代化が進んだかもしれませんが, 同時に多くの人々のプライドを傷つけ, 財産を失わせ, 人生設計を狂わせ, さらに第二次世界大戦後は半島や国家の分断の一因となって今なお多く

※15 もっともこの理屈であれば, 当時の特権階級の人々については現代の私たちが批判をしても良いことになりますが。

の問題を残しています。その一方で日本は，戦前の鉱工業の発展について台湾や朝鮮半島からの労働力を抜きに語ることはできませんし，戦後の復興も朝鮮戦争のおかげです。これだけのことを考えた時，日本は何ら責任がないと言い切ることは，少なくとも道義的にはできないのではないでしょうか。歴史に責任を持てる人間とは，過去の出来事の原因や背景にあるその時の動機や価値観よりも，現在の結果をより重視する人ではないでしょうか。当時の一般の人々や特権階級にいた凡庸な者たちの価値観や常識が何であれ，私たちは彼らがもたらした結果を直視し，今できることを考えていくべきではないでしょうか。

　なお，結果を考察するに当たっては，当時の人たちの悲しみを共感まではいかずとも理解することが必要になると思われます。その意味で，歴史的文脈の思考は，加害者だけでなく，むしろ被害者や犠牲者の苦しみを理解することの方に，より活用されるべきものなのかもしれません。弱い民族や国家は植民地化されてしかるべきという19世紀の帝国主義を前に，なすすべなく日本に併合されることになり，朝鮮の人々の多くは日本人として生きて，そこで自己実現を図るという現実的な道を選びました。正統な日本人として認められたいという気持ちは，当時の朝鮮の人たちにとって当たり前の感情でした。時には日本の兵士として戦うことすらもありました。しかしそれは，朝鮮半島が独立し，別の価値観と選択肢が現実のものとなった時，それ以外の選択肢を思いつきもしなかった，ないしは真面目に考える気にもならなかった自分たちの過去がいかに悲しい境遇であったのか，多くの朝鮮の人々は改めて気がつくことになりました。日本の人たちの多くが，沖縄とアイヌに関わりのある人を除いては，少なくともここ200年の歴史においてこうした経験をしたことがないと言えるのではないでしょうか。しかし「だから俺たちにはお前たちのことはわからない」

では済まされないはずです[16]。

（4）年代順の思考と物語

●

　年代順の思考は，歴史学の中で大切にされてきた思考の一つです。ほとんど
の国の歴史教育が昔から現代に向けて時間軸に沿って進んでいくのは，歴史学
が年代順の思考を重視することの証でもあります。

　歴史学が年代順の思考を重視する理由の一つは，出来事の原因を考察する際
に，そしてその出来事の果たした役割の歴史的な重要性（これを「歴史的意味」
と言う）を考察する際に，この思考が必要になるからです。原因は出来事より
も必ず前に生じています。出来事に至るまでの経緯を整理すれば，自ずと出来
事の原因が明らかになることも少なくありません[17]。そして，その出来事の歴

[16] ただし，筆者は小林よしのりと彼の一連の漫画に賛同する人たちを，けしからんとか愚かだと
かー切考えていません。むしろ歴史学の専門家ではない人の中で，小林よしのりほどある意味
で忠実に歴史的思考をしている人はいないのではないかとすら思っています。彼を「歴史修正
主義者」とレッテルづけして片づけてしまうことは簡単なことですが，それでは何の問題解決
にもなりません。むしろ彼の主張を軽視することは，歴史的思考をしようとするすべての歴史
学者ではない人たちを軽視することに等しく，一般の人々の歴史学離れを加速させることで
しょう。

[17] また最近では同時代性についての考察という概念も注目されています。つまり，ある出来事が
生じたのと同時期に他の地域で生じた出来事とどのように関係があるのかを眺めることで，こ
れまで気がつかなかった原因に気づくことが重視されているわけです。例えば，14世紀の世界
の出来事を並べてみると，日本では南北朝の動乱，中国でも紅巾の乱などの内乱と飢饉，ヨー
ロッパでもペストの流行と百年戦争やワットタイラーの乱など，実に厳しい状況が相次いでい
ることがわかりますが，これらには世界規模で本格化した気候の冷涼化が原因ではないかとす
る学説が生まれて近年注目されています。

2. なぜ私たちは歴史的思考を学ばなければならないのか？―構成主義の可能性と課題　59

史的意味は，その出来事の後に生じた事柄からしか推量することができません。政治家が自らの政策を激しく批判された時，「私の判断の是非は歴史が判断してくれる」と語っているのを目にしたことがある読者もいるかと思いますが，これは批判を回避するために，このことを逆手にとっているわけです。

　また，歴史学が年代順の思考を重視するもう一つの理由は，研究対象となる時代に生きた人々はその出来事のもたらす結末を知らないが，現在に生きている私たちは結末を知っているという事実をしっかり踏まえて，当時の人々の行為や価値観を理解することを重視しているからです。後からなら何とでも言える——結果を知る私たちが結果について知らない当時の人々の行為を評価するのは，アンフェアであるだけでなく，その時代の理解までも誤ってしまうと歴史学者の多くは考えます。また，その時代には存在しなかった概念や技術を持ち出して，その時代について議論することも同じようにナンセンスであると考えます。時代を理解するためには，後知恵をできるだけ排除することが大切だ，と考えているのです。

　この点で年代順の思考は，歴史学者にとってだけでなく，私たち一般市民にとってもかなり重要な思考であると言えるでしょう。政治家の判断について私たちにはその結果がわからないのだから「評価するな」と言うのではなく，私たちは現代社会への影響だけでなく将来への影響も積極的に予想して議論するべきでしょう。また近代の法律の原則に遡及効の禁止という，事後法をもって法律成立以前の出来事に適用してはならない，という考え方があります。国家権力による不当な逮捕を防ぐためのものなのですが，これは，後知恵でその当時の人々の行為や価値観を判断することをアンフェアとする歴史学の考え方が，民主主義社会を支える原則としても活用できることを意味するものである

と考えることができるでしょう。

　一方，こうした年代順の思考には，歴史表現の物語化を避けられなくしてしまうという課題もあります。

　物語には，主人公がいて，起点があって終着点があります。そして主人公を中心にして大抵は時系列に沿って話が進みます。その意味で偉人の伝記は物語の典型と言えるでしょう。近代以前の歴史書では，しばしばこうした偉人たちの伝記を集める方式が採用されました。例えば中国の歴代王朝の正史の多くがこの方式で書かれています（「紀伝体」と呼ばれます）。

　これに対して近代の歴史学は，歴史研究の科学化を進めるために，物語と歴史学研究を区分することを長年の課題としてきました。そこで歴史学は特定の人物の伝記的研究をできるだけ避けて，人々の集団（国家，民族，人種，女性，移民，炭鉱労働者など），抽象的な地理的な存在（カナダ，ローマ帝国など），あるいは文化的信仰（人々の人種への態度など），制度や社会体制（土地所有の様式や交易関係など）といったものを分析対象にすることで物語との決別を図ろうとしてきました。それにも関わらず，年代順に事柄を整理する方式は相変わらず重視されてきました。その結果，社会構造や社会事象といった無生物や民族や国家といった集団が何かの生命体かのように，誕生から終焉（または現在）まで，ストーリー性を持って描かれるという，矛盾した結果に頻繁に陥ってきました[18]。

　物語に対する最近の歴史学の研究態度は，大きく三つあるようです。一つは，時間軸に沿って歴史を物語るに当たって，より科学的な理論的根拠を持たせる

※18　バートンとレヴスティクは，こうした「非個人の物語」の事例として，ブローデルの『地中海』やレイノルドの『物質文明・経済・資本主義』など，第一級の歴史学者の研究書を挙げています。

というやり方です。歴史を単なる偶然の連続，もしくは人々の意思決定の連続として描くのではなく，何かもっと大きな力が作用しているといった仮説の下，最もその説明力のある要素に軸を置いて歴史を描き出そうとするわけです。こうした事例としては，古くは経済から歴史を語ろうとした「唯物史観」と呼ばれるものがありますし[19]，最近では地球の気候から歴史を語る気候変動史観[20]，そして世界を「中央」「半周辺」「周辺」の三要素から語る世界システム論[21]などがあります。ただしいずれも，経済や気候・環境，社会の構造・システムが歴史事象のほとんどを決定してしまうという考え方であり，人々の歴史観を固定ないし単純化してしまうという問題，さらには歴史に与える個人や集団の意思決定の影響力を軽視してしまうといった問題が指摘されています。

　これに対して，物語との決別を決定的にするために，何千年もの歴史を描く「大きな歴史」を研究とすることを回避して，一つの出来事や，場合によっては一つの史料を研究対象とする立場（「研究対象のミクロ化」）があります。さらにもう一つの立場は，物語と歴史とを区分することを諦め，歴史を語るとはそういうものだと割り切って受け入れてしまうやり方もあります。

　ただこの後者二つの立場はいずれも，歴史教育，とりわけ歴史教科書において，歴史を年代順に示すならどうしても避けて通ることができない「大きな歴史」を物語ることについて，歴史学として有効な提案をすることができなくなる性質のものです。教科書は紙幅に限界があるため，歴史研究のすべてを記載することは不可能で，そのため何らかの基準をもって内容の選択をせざるを得ません。しかしほとんどの教科書は，その基準を明らかにすることなく（しかし実際には何らかの基準をもって）内容選択を行い，大きな歴史を物語っています。歴史教科書が最新の学説をふんだんに取り入れ，専門用語を多く活用する

などして，学問的な意味づけがあるものであると装えば装うほど，教科書は客観的かつ中立的な存在に見えてくるため，教科書の内容選択の基準は人々に気づかれにくいものとなります。このことは，学習者にとって，一つの物語に過ぎない歴史教科書の語りが事実そのものであるかのように錯覚することになりますし，またどうしてその語りを自分が教えられなければならないのかが見えにくいものとなります。したがって，その語りの背後にあるイデオロギーに鈍感になったり，逆に学習することの意味を見つけられにくくなったりする原因ともなります。

　ちなみに私たち一般の人々にとって，年代順の思考は，歴史的思考の中でも最もなじみのある思考であろうとバートンとレヴスティクは指摘しています。その理由として彼らは，それが幼い時から触れてきたお伽噺や童話などの物語を支える構造そのものだからであると指摘しています。筆者もこれに同意したいと思います。むしろ年代順ではない歴史の扱い，例えば倒叙法（現在から歴史を遡って見ていくやり方）などの方が，ずっと多くの人たちに抵抗感を与えることになるでしょう。小中学生でさえ年代順に歴史的出来事や歴史上の人物を並べる教科書の編成に特に抵抗を示さないのは，そのためだと思います。

※19　19世紀にカール・マルクス（1818〜1883）が提唱しました。「唯物史観」は，下部構造（経済要因）が上部構造（政治体制）を変化させる，といった世界観から歴史を眺める点が特徴です。マルクスの代表作には『資本論』（岩波書店，1969年）などがあります。

※20　ブライアン・フェイガン著（東郷えりか，桃井緑美子訳）『歴史を変えた気候大変動』河出書房新社，2001年。

※21　イマニュエル・ウォーラーステイン著（川北稔訳）『近代世界システムⅠ〜Ⅲ』名古屋大学出版会，2013年。

2. なぜ私たちは歴史的思考を学ばなければならないのか？―構成主義の可能性と課題　63

3. 歴史で私たちは何ができるか？
―実用主義の可能性と課題

実用主義の歴史教育論が実証主義や構成主義の立場と決定的に違うのは，歴史学の枠組みを超え出て行こうとする点にあると言えそうです。歴史学以外の学問に従事する人たちの歴史の取り扱い方や日常の生活場面での一般の人々の歴史の取り扱い方を好む傾向すらあります。むしろ，この実用主義の立場を知って，初めて歴史を研究することが歴史学の専有事項ではないことに気づく人も少なくないのではないでしょうか。しかし，そのことで自らの存在基盤を揺さぶられているような感覚を持ってしまうためなのか，実用主義の立場は歴史学者や高校歴史教師にはあまり受けが良くはなく，彼らの歴史教育をめぐる議論の俎上に上がることすら実は稀なのです。

　しかし，何のために人は歴史を学ぶべきなのか，という教育的根拠についての問いに対しては，どの立場よりもはっきりとした答えを持っています——現代社会をより深く理解したり判断したりするためだ，より民主主義社会の形成に貢献するためだ，と。そして，こうした回答は，おそらく歴史学の学問共同体になじみの少ない一般の人々には，むしろ最も好意的に受け取ってもらえる可能性の高いものでしょう——それはおそらく，私たちのような一般の人々の歴史を学ぶ動機とかなり合致しているからです。

　筆者は，高校での歴史教育を改善する鍵は，実証主義や構成主義より，この実用主義にあると考える一人です。なぜなら，今の学校の歴史教育に対して人々が不満を持つ最大の原因は，自分は歴史学者になるわけでもないのにどうして歴史を学ばなければならないのか，という根源的な問いに対して，歴史を教授する側の人間たち（歴史学者と高校教師）の論理ばかりが先行し，学ぶ側のニーズが置いてきぼりになり，一般の人々にとって納得のできる回答がこれまで十分に示されてこなかったことにあると考えるからです。

3. 歴史で私たちは何ができるか？―実用主義の可能性と課題　65

一般の人たちにとって，歴史学が研究しているテーマや研究成果，議論している論争のかなりの部分は，知らなくても特に私生活にも民主主義社会の建設にも困らないことです。これは扱う時代が古くなればなるほど，より顕著になります。また歴史学が大切にしている歴史的思考と呼ばれる思考作法・技能も，よく考えてみると歴史学ではないところでも学ぶことができるものが多いように思われます——しかも，その方がよほど現代の社会生活のリアルな文脈に近い形で学ぶことができるように思います。例えば，第2章で紹介した社会的・歴史的文脈に配慮する思考にしても，地理などの時間に文化人類学を取り入れたアプローチを採用した方が，今生きている人々（例えば先住民のアボリジニーやイヌイット）を対象とする分，より実際的な異文化理解につながると言えるのではないでしょうか。

　一般の人々は，「はじめに」で見たように，歴史学者の歴史研究の文化や行為とは（部分的には重なるかもしれませんが）違った形で，歴史と接しています。もちろん，そのような行為のすべてを賞賛することはできないでしょう。しかし，歴史学の大切にする歴史的思考を「科学的な」思考，歴史学以外の歴史についての思考や一般の人々の歴史についての思考を「常識的な」思考と呼んで二分化してさげすむことは，とても危険な行為だとも思います。前章で考察してきたように，歴史学者の大切にする歴史的思考も，今日の社会において扱い方を間違うと，いくつもの困った事態が生じる可能性がありますし，また実際にそうした困った事態が生じてきたわけです。

　本章では，私たちのような一般の人々の歴史に接する行為のうちの主立ったいくつかについて取り上げて，歴史教育への転用の可能性について考察をしてみることにしたいと思います[1]。

（1）来歴を知る：
趣味・問題分析・判断根拠・アイデンティティの形成

●

　なぜ歴史を学ぶのか，と問われた時，一般の人たちからよく出てくる答えの一つが，「なぜそうなったのか知りたいから」，つまり来歴を知ることに根拠を求める回答なのだそうです。実は終戦直後の日本に米国から実用主義に位置する社会科歴史教育の考え方や実例が紹介された時，その実践事例の大半が「来歴を探る」ことをねらいとするものでした。

　筆者が知っているこのタイプの典型事例としては，地名学習と呼ばれるものを挙げることができるでしょう。この学習では一般的に，「小金井」「鈴木町」「国領」「寺屋敷」といった地名の由来を知ることで，地域の地理的・歴史的な理解を図ろうと試みます。ただこの学習は大抵の場合，ウンチクを語る時にしか使えないような学習で終わりがちです。例えば，「新宿」は，江戸と高井戸宿が遠いので途中の甲州街道と玉川上水が交わり，青梅街道と分岐する交通の要所に新しく作られた宿場町で「内藤新宿」と呼ばれていた，といった内容です。これではNHKの「ブラタモリ」のような趣味のレベルの話であって，社会生活にも民主主義社会にもあまり寄与することがありません。しかし，地名の研究は，誰でもすぐに取り組むことができる手軽さが利点で，教師がたまにやるな

※1　ちなみに，本章で筆者が紹介するアイディアのいくつかについては，社会科教育研究の世界ではすでに実際に議論されたり提案されたりしていること，そして筆者としては米国の歴史教育の研究者で，実用主義の歴史教育の立場を支持するバートンとレヴスティクの共著『コモン・グッドのための歴史教育』（春風社，2015年）での議論をかなり参考にしていることを，断っておきます。

3. 歴史で私たちは何ができるか？―実用主義の可能性と課題　67

ら皆さんにも面白く感じてもらえることでしょう。また最近では，防災教育に応用されており（例えば，梅がつく地名は「埋め」から来ている可能性があり，もともとは沼地で地盤が緩いところである，だとか，旧地名を確認して家を買う必要がある，といったことを教えています），応用次第でもっと可能性が広がる学習であることが明らかになってきてもいます。

ただ，皆さんの大半にとってより学ぶ意味を感じることのできる学習は，社会問題の起源や原因を探る学習かと思われます。例えば北アイルランド問題はいつ，誰が生み出した問題だったのか。パレスティナ問題はなぜ生まれたのか。東京の小金井市における廃棄物処理・処分に関する紛争はどうして生じるようになったのか。現在だけを研究していてもわからない――だから歴史をひもとくことになります。歴史を学ぶことの重要性について，これほどわかりやすいアプローチはないかと思います。そして戦後，社会科を大切にしてきた教育学者や学校教師の多くが最も熱心に教材・授業開発をしてきたのが，このアプローチです。**資料1**（本書第1章，22頁）にもあるように，終戦直後の学習指導要領の歴史教育でもこのアプローチは特に重視されました。そのため今日まで多くの実践事例が蓄積されています。

また，来歴を知ることの意義をもっと皆さんのような生徒に知ってもらうために最近熱心な教師や教育学者が関心を抱いているのが，判断の根拠を知るアプローチを歴史学習に取り入れることです。例えば，公教育は誰がどのような根拠で作ったものであり，これに反対する者たちはどうして反対したのか，立憲主義はいつどのような根拠から登場したのか，中央教育審議会や学習指導要領はいつ誰のどのような根拠から生まれたのか，といったように，制度や法律，判例などが生まれた時点まで遡り，その制度や法律，判例などが本来何をねら

いとしたのかを確認します。またその当時の議論を知ることで，現代社会では当たり前のように存在している制度や法律，判例などに，いったいどういった問題があるのかを見ていきます。

　判断の根拠を知るアプローチは，定説や常識をひっくり返す可能性を持ちます。例えば，相撲の土俵に女性は上がってはならないという慣習を壊そうと，多くの女性たちが挑んできた過去があります。しかし，それは昔からの伝統であると日本相撲協会は頑なに断り続けています。これに対して，実際どのくらい昔からなのか，そしてなぜ女性は上がってはならないことになったのか，一般市民を含む多くの人たちが実際に調べてみることになりました。そして，確かに神事として朝廷の儀式で相撲が行われていた平安時代には女人禁制となっていましたが，途中からあまり守られることもなく，ほとんど忘れ去られていたことや，女人禁制は明治時代に徹底されたもので，しかも裸同然で戦う相撲が西洋人に野蛮な行為ではないことを説明するために，神事と相撲を結びつけるいにしえの発想を持ち出して，女性を土俵に近づけさせないようにした，という事実を彼らは明らかにすることになりました。明治政府が混浴を野蛮と見なして禁止したのと似た話だったのです。相撲協会の言う「昔」とは，鉄道の開通よりも後のことで，相撲の近代化のためでした。そうであるならば，今は女性を土俵に上げないことの方が近代的に思われないのだから，上げても良いのではないか，という理屈も成り立ちそうです。実際，人々のこうした来歴を探るアプローチがきっかけとなり，日本相撲協会の姿勢を厳しく批判する世論が形成されることになりました。

　米国では，**資料2**のように，裁判の判例を体系的に学ぶ法教育とコラボレートした歴史学習なども登場しています。このプランは，生徒たちが，今日の法規範

3. 歴史で私たちは何ができるか？―実用主義の可能性と課題　69

第1単元　信念の自由	第2単元　表現の自由
1：メアリ・デュア裁判（1659年）	1：ジョン・P・センガー裁判（1735年）
2：レイノルズ 対 合衆国（1879年）	2：シェンク 対 合衆国（1919年）
3：エヴァーソン 対 教育委員会（1947年）	3：スケールズ 対 合衆国（1961年）
4：アビントン学区 対 シェンプ（1963年）	4：グリスウォルト 対 コネチカット州（1965年）
5：ウェルシュ 対 合衆国（1970年）	5：ティンカー 対 デスモイ学区（1969年）
6：ウォレス 対 ジャフリー（1985年）	6：NYタイムズ 対 合衆国（1971年）
	7：ミラー 対 カリフォルニア州（1973年）
	8：ヘイゼルウッド学区 対 カールマイアー（1988年）
第3単元　権力分立（1803〜1981） （小単元については省略）	第4単元　奴隷制・市民の身分・参政権（1857〜1986） （小単元については省略）
第5単元　機会の平等（1896〜1987） （小単元については省略）	第6単元　被疑者の権利（1935〜1985） （小単元については省略）

資料2　『Vital Issues of the Constitution』（Ratcliffe, R.H., Gordon, I., Miles, E. W. Houghton Mifflin, 1989）の目次（「〇〇対××」はそれぞれ原告と被告を示している。いずれも重要な判例が下された裁判事例を取り上げている。）

を規定する重要判決の背景にどのような出来事があって，そしてどのような判断根拠で成立したのかを理解するだけでなく，反対意見の存在を知り，その判決でない可能性もあったこと，そしてどちらが本来なら良かったのかを考えることができるように，論争問題としてそれぞれの事例が示されています。米国も日本と同じく違憲立法審査権が司法にあるので法の番人は司法なのですが，その司法の最終チェックの責務が市民にあることを教えてくれる，とても意義深い学習を教室にもたらしてくれそうです。

　ただ一般の市民が，日常でその来歴を比較的に早期からいろいろな場面で問いかける（または耳にする）のは，地名でも社会問題でも制度や判例でもないかと思います。むしろ一般の人々の関心は自分自身，または自分の家族，仲間たち，地域共同体，自らの所属する学校・会社・サークル，そして国の来歴にあるのではないでしょうか。筆者の場合，例えば次のような感じになるかと思います。

・なぜ自分は竜也という名前なのか。

・自分の両親や祖父母はどのような人生を歩んできて，なぜ自分は広島県
　で生まれ育つことになったのか。

・自分の住む地域にはどうして韓国・朝鮮籍の人が多く住んでいるのか。

・自分の出身校にはどのような有名なOB・OGがいるのか。母校にはどの
　ような栄誉があり，どのような苦難を乗り越えてきたのか。自分の出身
　高校では，どうしてこんなに体育祭が盛んで，マスゲームが熱心に取り
　組まれているのか。

・自分の住んでいた広島という共同体の人々の多くはどうしてこんなにも
　カープが好きなのか，どうして広島弁は怖いと他の地域の人に思われて
　いるのか，なぜ中国人観光客は宮島にはいっぱいいるのに広島の平和記
　念公園にはあまりいないのか——広島や日本のどのような歴史がそうさ
　せているのか。

・どうして憎き原爆が広島に落とされたのか。日本政府はどのように核兵
　器と向き合ってきたのか。

　これらはいずれも自己のアイデンティティの形成（自分が社会において何者
であるかについての理解）につながってきます。
　巷には，家族，地域共同体，学校・会社・サークル，そして国についての来歴
を教えてくれる歴史物語が溢れています。国についての歴史物語は，少なくと
も日本の場合，大抵は小中学校の教科書が教えている比較的に画一的な物語で
あり，その語りに地域的な偏りはあまりありません。しかし，家族，地域共同体，
学校・会社・サークルの歴史物語は個性に溢れています。

3. 歴史で私たちは何ができるか？―実用主義の可能性と課題　71

家族，地域共同体，学校・会社・サークルの来歴を教えてくれる歴史物語は前向きな内容が多く，苦難を乗り越えてきた話，人を助けた話，昔はもっとすごかったぞといった話などが多いようです。教訓めいたオチがあることもあります。そしてこうした歴史物語の多くは，だいたいご都合主義です。史実の信憑性がないことも多く，何より話題が極めて個人的または地域・集団固有的です。ただ，その組織や共同体の構成員であれば，その多くの人が語ることのできる話である点に共通性があります。そして，その物語が中学校や高校で学ぶ日本や世界の歴史より重要かと問われると，ほとんどの人が学校で学ぶ歴史の方が重要であると答えるのに，その歴史物語の認知度は，中学校や高校での歴史内容の比ではないほどに高いところに特徴があります。

　例えば筆者の生まれ故郷である広島では，原爆で打ちひしがれた広島と，その広島市民の希望として生み出された市民球団広島カープを市民が樽募金までして守ってきた苦難の歴史について，実に多くの人が語ることができます。そして市民と球団が一体となり，1975年にルーツというメジャーリーグ出身の監督の下で奇跡の大改革が起こり，ヘルメットが赤になり，古葉監督がルーツの戦う野球を継承して勝ち続け，赤ヘル旋風を呼んで，後楽園球場で最下位長嶋巨人を相手に優勝したこと，そして原爆の傷跡が癒えない広島の人々を勇気づけたことを，だいたいの市民が語ることができます。この物語ではカープは常に正義であり，巨人は常に権力を笠に着る金にまみれた悪の集団です。そしてカープとは広島そのもので，市民と一体化した存在とされます。これは家庭で，学校で，地域社会で，何度も耳にする広島という共同体の物語です。

　この物語の広島市民の間での認知度は，明らかに承久の乱や寛政の改革よりも高く，それは当人の学力とは関係がありません。ルーツの采配が本当は相当

図9 『はだしのゲン』の一コマ　カープの歴史物語は広島市民に脈々と受け継がれています。

に微妙であってチームも不協和音が絶えなかったことだとか，後任の古葉監督はルーツ前監督の采配のほとんどを参考にしなかったことだとか，そんな話は消されています。そもそも，広島市民にはカープファンしかいないような語り

3. 歴史で私たちは何ができるか？ー実用主義の可能性と課題　73

になっています。巨人にセ・リーグの加盟に協力してもらったことだとか，最近まで巨人戦のテレビ中継の放映権料と広告料収入に依存して存続していたといった巨人に有利になる話は出てきません。観戦マナーの悪さも，カープへの愛の表現としてプラスに語られてしまいます[2]。

　しかし，歴史学者から見れば全くもって馬鹿馬鹿しいこの広島市民が持つ物語にこそ，来歴を知るアプローチにある隠れた力の存在を私たちに教えてくれます。なぜなら，このカープの物語が，広島の人たちの多くに市民としての大きな成功体験の感覚をもたらし，「広島市民はどんな苦難でも力を合わせて頑張って克服してきたし，これからも克服できる」「広島を自分たちが作ってきたし，これからも作っていける」といったマインドを彼らに与えるからです。そしてこのマインドが，新球場を作り，市民大祭であるフラワーフェスティバルを作り，その他プロスポーツチームを作って支援し，繰り返し訪れる災害から立ち上がり，中央権力と戦う姿勢を生み出しています。そして，職業や社会的地位を超えて市民としての一体感を持つ力にすらなっています[3]。

　バートンとレヴスティクは，ご都合主義で誤りだらけのアメリカ合衆国のナショナル・ヒストリーが，実は「この国は自由を求め正義の実現のために集まってきた人々から成り，そしてその実現に向けてどこよりも努力し，問題を克服してきたし，これからも克服する」という自由と進歩の物語を国民に与え，そして自由を愛し，不正を許さず，苦難があってもそれに立ち向かおうとする米国人気質を生んでいるのだと指摘し，その肯定的な役割を指摘しています。日本では，歴史学者も教育学者も教科書のもたらすナショナル・ヒストリーの相対化ばかり熱心なように思いますが，こうした国や地域の歴史物語が人々にもたらすプラスの側面について，もう少し前向きに検討しても良いのではと筆者

図10 副読本『琉球・沖縄史』 こちらは広島市民の語るカープ史とは全く違った地域の歴史物語の一例があることを私たちに教えてくれる事例です。副読本の扱いとなっていますが、実質的に教科書の造りとなっており、記載内容もかなり根拠のある信頼のできるものです。これはナショナル・カリキュラム（学習指導要領）が強制してくるナショナル・ヒストリー（日本史）によって奪われてしまいがちな沖縄の人々の自らのルーツについての語りを取り戻すために生まれたものと言って良いでしょう。同時に、こうしたナショナル・ヒストリーが沖縄の人々にもたらす権力性に大和人（本土の人々）が気づくように仕向けたもの、とも言えます。

は考えています。そして小中学校で教科書を通して子どもたちに伝えられている、ある意味でご都合主義のナショナル・ヒストリーは、広島市民の物語ほどではないかもしれませんが、これに似た効果を日本国民にもたらしていることは確かだと思われます。

※2 以前、NHKの番組「アナザーストーリーズ 運命の分岐点」で広島カープ初優勝が取り上げられていました。この番組で紹介されていることこそが、広島市民のほとんどが知っている歴史物語です。

※3 広島の小学校教師である新谷和幸の次の実践は、ここで筆者が述べていることが顕著にわかる一例なので、一読してもらいたいところです。新谷和幸「「概念カテゴリー化学習」にこだわる社会科授業づくり―小学校第3学年単元「カープは家族!?」」木村博一編『「わかる」社会科授業をどう創るか』明治図書出版、2019年。

3. 歴史で私たちは何ができるか？―実用主義の可能性と課題　75

もちろん，こうした国や地域の多数派に都合の良い物語には明らかな弊害が
あります。語られていない負の側面に目を向けないことで，国や地域の持つ問
題に気づかなくなりやすいでしょう。また，語りから排除された人々の存在に
気づきにくくなります。根拠のない自信が暴走するかもしれません。共同体の
価値観を受け入れない者たちに寛容になれないかもしれません。私たちは，地
域や国の来歴を語る歴史物語が，その構成員の団結を高めるために構成員の多
数派にとって心地の良い内容に構成されやすいことを理解し，そのことの社会
に果たす意義と弊害について自覚的でなければならないでしょう。

　そして同時に，そうしたポジティブな歴史物語を生み出しやすい地域や国と，
そうした歴史物語を生み出そうにも，明るい話題が少なく苦しむ地域や国があ
ることを理解する必要があるのではないかと思います。バートンらの研究によ
ると，北アイルランドの子どもたちは常に「今度もまた上手くいかないさ」と
シニカルに社会的事象を見ることに慣れ切っていたといいます。そしてそれは，
彼らの語る北アイルランドの歴史物語が，いつも和解は途中で反故にされてき
て，自分たちはそれに耐えてきたという「失敗と苦難の歴史」の語りから構成
されていることに関係があると指摘していました。これは北アイルランドほど
ではないかもしれませんが，韓国にも言えることなのではないかと思います。
そして韓国の歴史をそうしたものにしてしまった責任の一端に，日本の植民地
支配などがあることを私たちは忘れてはならないでしょう。

（2）教訓を得る：言い負かすため？　対話のため？

●

　日常において私たちは社会の現状について分析する時，ないしは今後を予測する時，しばしば歴史事例を持ち出します。例えばあるお坊さんは，ある無情なワンマン社長が部下によって失脚させられた事件を，信長が本能寺で暗殺された事例を用いて因果応報を説いていました。日曜朝のテレビ番組「サンデー・モーニング」（TBS系列）でコメンテーターを務めていた今は亡き岸井成格は安倍晋三政権下の日本社会が1930年代の日本社会に類似していると分析し，その将来を危惧していました。ある2000年代の経済学者は，小泉 純 一郎内閣の経済政策を1930年頃の浜口雄幸内閣の経済政策に類似していると指摘し，浜口暗殺の後に日本経済が立て直ったことから小泉内閣の政策も不況を脱するのに不可欠の道であると論じていました。

　19世紀のドイツの政治家ビスマルクは「愚者は経験から学び，賢者は歴史から学ぶ」といった格言を残しています。過去から似た事例を探し出して類推すること（ここでは「歴史的類推」と呼びたいと思います）は，歴史から教訓を引き出そうとする行為と言い換えることもできます。確かに一般的に知識人と呼ばれる人たちは歴史的類推がとても巧みであり，また事例をよく知っているようです。

　こうした歴史的類推は時に一部の歴史学者や社会科学者も試みることがあり，学問的営為の一部を構成しています。辻田真佐憲『大本営発表—改竄・隠蔽・捏造の太平洋戦争』（幻冬舎，2016年）はその好例です。本書は，大本営発表という今では嘘出鱈目の管制報道の代名詞の制度が，実は日中戦争をめぐ

3. 歴史で私たちは何ができるか？―実用主義の可能性と課題　77

るマスコミの自由な報道合戦が時にもたらした過剰演出・歪曲の報道を正すために設けられ，当初は慎重かつ正確な報道をしていた事実，徐々に暴走してもそれを抑制する機能を持たなかったので最後には長崎の原爆の被害すら「比較的僅少なる見込」と報道するまでに堕した事実などを，当時の資料を丁寧に読み明らかにしています。本書の主目的は大本営発表の破綻の原因を詳らかにすることにあります。だがもう一つの意図があることを辻田は隠しません。氏は本書において「この悲劇的な歴史を広く共有することで，政治と報道が再び一体化するという事態を防ぐ」と述べ，報道に積極的に介入する安倍政権をはっきりと牽制しています。辻田は現在の報道をめぐる状況を1940年代のそれに類似すると見立て，そこから，報道と政治が一体化する時，報道は政府の都合の良いように捏造・隠蔽・改竄される，と教訓を導いたのです[4]。

　ただこの歴史的類推は，社会科学者はともかく，多くの歴史学者が嫌う思考形態であり，彼らの言う歴史的思考に含まれることはまずありません。バートンらは『コモン・グッドのための歴史教育』の「過去から教訓を学ぶ」の節で歴史学者ヘンリー・コマガーの「歴史は問題を解決しないばかりか，過去の誤りに対する対抗策を保証しない。国家に戦争を回避する方法も勝利に導く方法も，不況についての科学的な説明も繁栄への手がかりも与えない」というコメントを紹介しています。歴史学者が歴史的類推を嫌う理由は様々ですが，主に次の三点があるように思います。

　　・歴史事象は一回性の性質である。似た事例に見えてもそれは別の事象である。歴史的類推は，細部への目を閉ざし，物事の単純化を招く。
　　・歴史的類推とは結局のところ自らの主張の正当化を図るのに都合の良い

歴史事例を都合の良い解釈で活用する恣意的な行為である。

・歴史的類推は現代的な視座で歴史を見ようとする「現在主義」を招く。

　次の事例は雑誌『社会科教育』（明治図書出版）1999年1月号に掲載された
ある中学校教師の提案を下地に，その意図をできる限り崩さずに筆者が授業に
再現したものです。この筆者が挙げる事例には，上の批判がどこまで当てはま
るのでしょうか。

（○と◎は教師の発問。・は回答例。）

【導入】

○日本は平和で安全な国といえるか。

○日米安保（日米同盟）があるから日本は他国で起きた戦争に巻き込まれ
　るとの議論があるが，あなたはそれについてどう考えるか。

◎日本の平和にとって日米安保条約は必要なのか。維持すべきなのか。

【展開】

○近い将来，日本と戦闘を交える可能性が比較的に高いロシア，中国，北
　朝鮮に分けて，資料を踏まえ軍事的環境を見てみよう。

（具体的な活動はここでは省略）

※4　社会科学者の場合は，もっと多くの歴史的事例を用いて比較・考察することで教訓を導出する
　　傾向があります。これを一般化（generalization）と言います。例えば経済学者ミルトン・フリー
　　ドマン（1912～2006）らは『選択の自由―自立社会への挑戦』（西山千明訳，日本経済新聞社，
　　1980年）の中で，1970年代の米国・民主党政権の福祉政策を批判するために，「大きな政府」
　　がもたらした害悪を様々な歴史事例を持ち出して説明し，「大きな政府」は多くの国民を貧困
　　にして少数の富裕層との格差を増大させる運命にあるのだ，と論じています。

3. 歴史で私たちは何ができるか？―実用主義の可能性と課題　79

〇近い将来, 日本と戦闘を交える国はあるだろうか。これらの国々と日本が戦争をした場合どのような被害が想定されるか。

・日本周辺の情勢は不確定な要素に満ち, 未だ流動的である。すぐに戦争にはなる確率は低いが, ロシア, 中国, 北朝鮮の軍事力は強大である。

〇このような周辺の不安定な状況が過去にあったか探してみよう。

・1920〜30年代の東アジア情勢が類似する。

〇この時期, 日英同盟を破棄しているが, それはなぜか。

〇日英同盟の破棄はどのような結果を日本にもたらしたのか。

・中国では国共合作が行われ, ソ連ではスターリンの下で国力が回復, それぞれ日本に大きな脅威となった。日本は何の後ろ盾もなく剝き出しの状態でこれらの国々と対峙せねばならず, 最後は無謀な戦争へと突入した。

【終結】

〇この日本の歩みは, どのような教訓を私たちに教えているのか。現在のような不安定で流動的な状況の中でとるべき行動は何か。

・先行き不透明な状況では政策の現状維持が最も望ましい。

◎**日本の平和にとって日米安保条約は必要なのか。維持すべきなのか。**

・先行き不透明な状況では政策の現状維持が望ましい。日本の現状に置き換えて言うなら, 日米安保体制を維持することが大切である。

　この授業に対しては, 特に歴史学者であれば, 授業者が恣意的に都合の良い歴史事例を選んで都合の良い解釈をして学習者を惑わしているだけなのではと感じられるかと筆者は推察します。「だから歴史的類推はすべきではない」と

言う方もいるかもしれません。しかしそうだとしても，少し立ち止まって考えていただきたいと思います。実は上の授業は保守系の新聞・雑誌などでよく目にする地政学関連の研究者たちの議論をベースに作成されています。そのためこの議論は現実社会において私たち一般の人々が実際に目や耳にする可能性が少なくないものなのです。加えてこの議論は，大抵の一般の人々には論理的かつ科学的であると受け止められる程度の説得力があると言えるでしょう。

　歴史的類推は歴史学者の言う歴史的思考ではないからするなと言ったところで，一般の人々が例えばこのような言説に対抗する術を持つことができるようになるわけではありません。ならば，言説に対抗し議論・論争を広く展開するための歴史的類推ができるように，皆さんのような高校生を含む様々な一般の人々を鍛えていくことの方が，ずっと建設的ではないでしょうか。

　例えば先の事例の場合には，二つの策があります。一つは，日英同盟破棄は日本が無謀な戦争に突入した大きな原因であるという解釈に対抗していくという方法です。これは十分に可能だと思われます。ドイツと同盟を結んだ時，日本は第一の仮想敵国がソ連であることを理解・徹底し，独ソ戦が始まった際にソ連に侵攻しておけば事態は変わったかもしれません。そうなれば日英同盟破棄は大きな問題ではないことになるでしょう。もう一つの方法は，逆の事例，つまり先行き不透明な状況で現状維持的の外交政策をした結果，悲惨な結果となった事例を探すことです。これも十分可能かと思われます。19世紀後半の東アジア（朝鮮）がまさにその事例です。いずれも時局に応じて的確な同盟関係を結ぶことが大切だ，といった教訓が導き出せるのではないでしょうか。

　バートンらの調査によると，米国の子どもたちに歴史を学ぶ理由を尋ねると，「過去から教訓を得るため」と答える子が特に多いといいます。日本でも同じこ

とが言えるかどうかわかりませんが，もしそうであるならば，学校教育で歴史的類推を否定したら，子どもたちの多くが歴史を学ぶ最大の理由を見失ってしまうことになります。皆さんはどう思いますか。

　おそらくここで大切なことは，歴史的類推を回避することではなく，民主主義に建設的な形で貢献できる歴史的類推の方法，つまり世間で一見説得力のある言説に対抗し議論を広げるための歴史的類推の方法をみんなで考え，皆さんを始め多くの人がそれを身につけていくことではないでしょうか。

（3）人に歴史を伝える：
みせびらかし・みせかけ・社会的責任
●

　人に歴史を伝えていくという行為も，社会生活での一般市民の歴史との一つの接し方です。そうした行為の一つに，世の中には自分がいかに博識であるのかを「みせびらかす」ことがあります。歴史についての知識は，こうした博識ぶりをアピールするのに持ってこいです。子どもたちに歴史を学ぶ理由を尋ねた時，「自分の記憶力の良さや博識さをみせびらかすため」とわざわざ答える人などほとんどいないでしょうが，実生活において，こうした動機から歴史を学ぶ人は少なからずいます。特に学歴の高い者たちの間では，こうした知識を有しておくことが，彼らがその学歴を有する者としての資格条件であるかのように捉えている者も少なくありません。四字熟語や難読の漢字についての知識などと同列に歴史についての知識が位置づけられることになりますが，その知識それ自体は，その所有者にとってアクセサリー以上の価値を有していないこ

とも少なくありません。

　また「みせびらかす」ことに近い歴史との接し方に，「みせかける」という
ものもあります。これは自分が多少なりとも常識があることを相手にわかって
もらうために，小中学校レベルの歴史についての知識は習得しておこうとする
行為です。決して当人は歴史を深く知りたいわけではないし，また知識をみせ
びらかしたいわけでもない――ただ相手に馬鹿にされたくないから歴史につい
ての知識を学ぶのです。また自らが高校もしくは大学の卒業条件をかろうじて
有していることを示すためにこうした歴史を学ぶというのも，「みせかける」
行為の一種と捉えることができるでしょう。「みせびらかし」が攻めの歴史の
習得なら，「みせかけ」は守りの歴史の習得です。一般の人たちの多くの歴史を
学ぶ理由は，多くは決して口にすることはないかもしれないですが，この「み
せびらかし」「みせかけ」にあると言っても良いかもしれません。

　ただ一般の人々が歴史を他者に伝えることは，そうした個人の問題以上の
テーマになることがあります。それは例えば，歴史についての一次・二次史料，
そして史料についての分析・考察の結果について，博物館や公民館で一般向け
に展示するような場合や，何らかの書籍もしくはインターネットのHP，さらに
は映画やテレビ番組などの形で読者・視聴者に公開していく場合です。これら
は時に歴史マニアたちの発表会の場やもっぱら一般市民の知的教養を高めるた
めの場として催されることもありますが，多くの場合はそうではなく，もっと
社会的な責任から展開します。例えば地域の戦争についての実態調査の発表や
遺品の展示，ハンセン病患者の隔離病棟での生活の記録の展示，被差別部落の
生活と闘いの歴史についての展示などはその一例です。これらは大抵の場合，
学校の歴史教科書には十分に記載されていないけれど，おそらく多くの一般市

3. 歴史で私たちは何ができるか？―実用主義の可能性と課題　83

民が知っておいた方が良いと思われる情報を提供し，またそのことで歴史と向き合って自らの歴史に対する責任を問い直したり，今日社会の文化的慣習や政策を見つめ直したりしてもらいたいとの願いの下に行われています。これは決して「みせびらかし」のためでも「みせかけ」のためでもない行為です。そして大変に大きな社会貢献を生み出す行為です。

　時にこうした人々の行為は，社会問題にまで発展することがあります。筆者の知るところで最も顕著な事例として，広島や長崎の原爆被害の展示をめぐる論争があります。筆者が子どもだった1980年代中頃に広島の平和祈念資料館（以下，原爆資料館）を訪れると，まずは被爆した当時の人々の無残な姿を再現した蠟人形（言葉は悪いかもしれませんが「お化け」に思えました）が強烈なインパクトで出迎えてくれました。そしてこれでもかと言わんばかりに，悲惨な被爆者たちの姿や破壊された広島の街の写真が展示されていました。被爆体験者もまだたくさん生存しており，展示を見学した後は，語り部から当時の凄惨な様子についての話を聞くことになります。この場所は，筆者にとって戦争の恐ろしさを理解するのには十分な場所でした。

　しかし，ちょうどその頃，この原爆資料館の展示空間の拡大計画が持ち上がっていました。その際に議題となったのは，原爆資料館は，広島を原爆による罪のない犠牲者として描いているのではないか，といった市民団体による問題提起でした。こうした市民団体は，日本の植民地支配の過去における広島の軍事的役割を展示することを要求してきました。これらの団体は，資料館の展示が広島の犠牲者性のみに焦点を当てているため，過去の客観的な姿の将来の世代に示すことに失敗していると主張しました。さらに朝鮮人被爆者支援グループは，朝鮮人被爆者の苦しみに関する物語を含めることを広島市に要求しました。し

図11 広島原爆資料館の蠟人形

図12 明治時代に広島に置かれた大本営

天皇と内閣も広島に来て、日清戦争の指揮をとりました。陸軍第5師団も置かれ、広島は軍都として重要な役割を果たしていました。

3. 歴史で私たちは何ができるか？―実用主義の可能性と課題　85

かし，市が資料館に「加害者コーナー」を設置することを決定したと地元新聞が報じた時，被爆者遺族会の一部が猛反発してきました。幼い子どもを失った被爆者は，どうして我が子が戦争加害者扱いされるのかと反発し，また別の被爆者は，「展示内容を見て広島市が原爆投下を避けることのできない結果だと考えるとしたらどうなりますか。そのような解釈は，広島の心を伝えるという私たちの意図に反することになるでしょう」と主張しました。

　原爆資料館は当初，「加害者コーナー」の設置をやめる方向に動いたそうです。しかし当時の平岡 敬 市長や地元新聞社の働きかけ，そして世論の変化などもあって，「加害者コーナー」と比べるとトーンダウンしたかもしれませんが，1994年に資料館東館「学びの空間」がオープンし，日本の過去の侵略やそこでの広島の果たした役割について明記したパネルを設置することになりました。

　筆者はこの新しくなった広島の原爆資料館を訪れた際に，何か「分析的な空間」になったような印象を受けたことを今でも覚えています。そのためなのか，原爆資料館に展示されているあの被爆当時の凄惨な状況を映した写真たちも，かつてとは異なり，何か学校で学ぶ時に教師が生徒に見せてくれる資料のような，無味乾燥のものに思えました。そして2019年，広島の原爆資料館はまた展示を改めましたが，その際にあの蝋人形が撤去されたといいます。これについても，インターネット上を中心に激しい議論があったのだそうです。

　これらについて，原爆資料館が考えれば良い問題で私たちとは何も関係がないと割り切ることはできないでしょう。それはそこが，被爆国である日本の私たちが，原爆というホロコースト，そしてその直接的な原因である戦争にどう向き合っているのかを，直接世界の人たちに伝える場だからです。また，どうしても原爆資料館の展示に不満があるならば，日本に住む者として，どういった

対応をするべきなのかを考えても良いかもしれません。今はインターネットも発達しているのですから，一次史料の展示などの面では決して原爆資料館に太刀打ちはできないでしょうが，個人で世界に向けて原爆資料館に対抗する展示方法や説明を発信することも，ある程度可能です。

　生徒たちが地域の戦争や災害の被害やその遺構などを研究して，それを文化祭や公民館などの場で一般市民向けに公開・発表しようとするアプローチは，一部であるかもしれませんが，以前から心ある教師を中心に試みられてきました[5]。最近ではホームページを立ち上げて，調査報告をするような試みも目にします。ただこうした実践は，一方で，生徒がその活動の意義を理解していないままに進められてしまうことも少なくなく，彼らは自分の卒業条件を満たしたいという別の目的で教師に付き合っているだけ，といったケースも目につきます。またその逆に，生徒たちが本気になり過ぎて，彼らが調べたことが地域の人々の暗部を明らかにするものであるために，地域社会から学校が攻撃されてしまうこともあるかもしれません。この場合，生徒たちはリアルな問題にぶつかることになるので，その解決に向けて試行錯誤することで成長するのかもしれませんが，実施する側の教師には大変な負担となりそうです。

　筆者としては，教師はこうした活動にいきなり生徒たちに取り組ませるのではなく，原爆資料館の展示をめぐる論争問題など先例を研究させたり，議論させたりすることで，歴史の公開展示の社会的意義や生じ得る問題について，事

---

[5]　こうした一例として，日本人と在日コリアンが共生する大阪市生野区で地元に残る朝鮮通信使の足跡などを調べて参観日に発表会をした小野賢一の実践（小野賢一「鎖国と朝鮮通信使」『歴史地理教育』2002年9月号），地域の戦争遺跡を調査させ，子どもたちの研究成果を学級通信にまとめた小川一詩の実践（小川一詩「枚方・交野の戦争遺跡を調べて」『歴史地理教育』2001年12月号）などがあります。

3. 歴史で私たちは何ができるか？―実用主義の可能性と課題　87

前に考察・予測させておき，教師と生徒はともに対処法をあれこれ考案しておくことが大切かと考えています。ここにおいては，博物館学の専門家を学校に招聘（しょうへい）して話を聞くような試みも有効なものとなるでしょう。

　ちなみに，バートンらの調査によると，子どもたちが歴史を学ぶ動機の中に，後世に伝えなければならないことがあるから，という回答が一定数あるとのことです。外国の調査事例なので，日本で同じことが言えるかどうかわかりませんが，筆者はおそらく日本の子どもたちの中にも，潜在的にこうした活動が重要であることを理解する素地はあるのではないかと考えています。

（4）「たら・れば」を考える

●

　筆者は大学時代に少し歴史学をかじったことがあるのですが，その際に歴史学者に「歴史に『たら・れば』はない」と教えられてきました。歴史学の関心は，起きた事実それ自体にもっぱら向けられるべきであり，実際には起きなかったことについては，歴史学者にとってどうでも良い，と彼は言っていたわけです。また判断や行為の結果を知っている現在の私たちが，その結果を知らない過去の人たちを批判することが歴史への冒瀆（ぼうとく）であるだとか，現在の価値観で過去を裁く「現在主義」の温床（おんしょう）となるといった懸念から，こうしたことを言っていたのかもしれません。

　これは歴史学の学問的な姿勢としては正しいのかもしれません。しかし，一般の人々は歴史の「たら・れば」にとても関心があります。おそらくその理由は，そこから学べることがとても大きいからなのだと思います。人々が歴史の「た

図13　過去の負けに一番拘った監督の著書

ら・れば」を研究する時は，大抵の場合，その歴史的出来事が何らかの判断や行為の「失敗」であると一般に世間で見なされており，二度と同じ過ちを繰り返したくないという気持ちから生じていることが多いようです[※6]。

　歴史学は「たら・れば」にあまり関心がないのかもしれませんが，他の学問領域では普通に研究されていることです。特に軍事学関係では昔から失敗（負け戦）についての研究が盛んです。これはスポーツの世界にも言えそうで，ヤクルトや阪神の監督をしていた野村克也は，データを重視した野球を推進した

※6　歴史学関係の書籍で一番売れているのは，満州事変に始まる十五年戦争，特に太平洋戦争に関するものであるのだそうです。多くの国民が，どうしてあのような無謀な戦争を4年近く続けることになったのかを知りたい，そして二度とこうした過ちを繰り返したくないと考えている証かと思います。

3. 歴史で私たちは何ができるか？―実用主義の可能性と課題　89

ことで知られていますが，特に失敗研究を重視し，「勝ちに不思議な勝ちあり。負けに不思議な負けなし」という名言まで残しています。世間にも「失敗は成功の母」という諺があり，また最近では「失敗学」といった言葉まであります。

　失敗を研究することの重要性をここで否定する気持ちは筆者には毛頭ありません。ただ近代以前の人々の行為や判断などは，現在の人々の価値観から見れば，いずれも「失敗」（少なくとも「まともではない」判断）に見えてしまうものです。実際，20世紀の科学哲学者カール・ポパーは，学校で教えている人類の歴史など，現在の私たちから見ればほとんどが犯罪者たちの犯罪行為の集合である，といったことを論じています[※7]。そうした人類の歴史について「たら・れば」と現在の価値観から議論することは，筆者は歴史の冒瀆とまでは思いませんが，確かにその時代の理解を誤ってしまう危険性があることは否定できないところかと思います。

　筆者が実際に中学校か高校の現場で見た歴史の授業にこういったものがありました。それは豊臣秀吉の歴史的意義を考えるという授業だったのですが，そこである生徒が「バテレン追放など，秀吉はやってはならないことをいくつもやってしまった。多文化主義的ではない点は，評価できない」と主張していました。別の生徒は「それは今の人間の価値観で議論している。当時の文脈を見れば，その判断に一定の合理性があるのでは」と主張していたのですが，教師は前者の「多文化主義ではない」といった生徒の方を高く評価し，事後検討会ではその高い評価の理由として，「その生徒は英雄の歴史の負の側面に目を向けてこれを批判的に捉えることができている」「歴史には違った選択肢があることを理解している」ことを挙げていました。確かに歴史の一場面一場面に違った選択肢があったはずであることは事実でしょうし，また他国の人と仲良くし

ていろいろ学びたいという感覚は，信長とルイス・フロイスの関係を見てもわかる通り，当時の人々も持ち合わせていたと思われます。しかしいくらなんでも，多文化主義という価値観から別の選択肢を選べたはずだ，という議論は秀吉に限らず，当時のあらゆる人の感覚にはないものでしょう。

　もっと筆者にとって悩ましく思えたケースは，ある有力な教科書会社の小学校用の教科書に記載されていたもので，信長，秀吉，家康を大統領か何かの候補者に見立て，あなたならどの人を選ぶか，というものでした。現在の首領を選ぶのか，その時代の首領を選ぶのか，そこのところもよくわからないものでした。もし今の首領を選ぶのなら，延暦寺を焼き討ちにして女子供まで皆殺しにした人，朝鮮半島を侵略しようとして国費と人命を浪費した人，宗教弾圧をする人，身分社会を形成した人しか候補がいないことを嘆くのが，ここでの正解でしょう。もしその時代の首領を選ぶというのなら，当時は選挙制度がないのでそもそも意味のない議論であることなどを指摘できれば正解かもしれません。教科書会社としては，もし信長や秀吉が天下人としてもう少し長生きをしていたら，と子どもたちに考えさせたかったのかもしれませんが，おおよそ現在の民主主義的価値観や人権観とはほど遠い価値観を持って生きていた彼らを現在の価値観から議論させようとしているこのアプローチは，当時の一般の人々もそうした現在の価値観で3人の為政者を眺めていたかのような錯覚を与えてしまい，かなり誤った歴史観を与えてしまうように思われます。

※7　カール・ポパー（1902～1994）の歴史哲学を理解するには，次の著作がお勧めです。カール・ポパー著（内野詔夫，小河原誠訳）『開かれた社会とその敵　第1部　プラトンの呪文』未来社，1980年。同（内野詔夫，小河原誠訳）『開かれた社会とその敵　第2部　予言の大潮』未来社，1980年（特に250～251頁）。同（岩坂彰監訳）『歴史主義の貧困』日系BP社，2013年。

もし「たら・れば」の思考が，歴史教育において最大の効果を発揮するとするならば，むしろ「上手くいった」と多くの人が感じている事例にこそではないか，と筆者は考えます。日本の歴史をひもといても，厩戸王（いわゆる聖徳太子）の外交，元軍の撃退，明治維新や戦後復興は，大抵の場合「成功体験」として語られています。こうした歴史での成功体験の語りそれ自体は，人々の多くの意志や思考を前向きにする効果があることは間違いがなく，学校教育の場でも否定されるべきではないのかもしれません。しかし，時にこうした成功物語は，その影の部分を見えなくさせやすく，またそうした影の部分について，「致し方なかった」の一言で断じられてしまうことも少なくありません。また，その判断や行動が絶対的に正しかったこととして，後世まで唯一の解決法かのように語られてしまい，私たちの判断を狭めてしまう危険性もあります——実際，厩戸王の隋の煬帝に対する姿勢や元寇への北条時宗の姿勢を正しい判断であったように戦前の歴史授業で語ってきたことで，国民は強国に対してもひるまない姿勢が唯一正しい外交方針かのように受け取ってしまうことになり，国際連盟の脱退や対米戦争を国民が支持することの一因になった可能性があります。さらには，別の幸福のあり方について見えなくしてしまう可能性もあります。戦後復興は経済発展やハイテク技術に囲まれた便利な生活こそが幸福であるとか進歩であるという固定観念を人々の多くに生み出すことになり，時に日本の人々が一方的に昔の人々の生活やイヌイットのような伝統的で手間のかかる生活を不幸な生活とか遅れた生活だと考えたりする，といったこともあり得なくはないでしょう。だからこそあえて，「成功」と言われている出来事にこそ，もっと良い選択肢があったのではないか，「ああすればもっと違った良い社会があったのではないか」と問い直してみることが大切になるでしょう。

例えば，厩戸王の外交は本当に成功だったのでしょうか。厩戸王が煬帝に宛てて書いた「日出ずる国の天子，日没するところの天子に書をなす」の一文は，天子が東西に二人存在することを主張している点で，明らかに煬帝を刺激しました[8]。ただ隋は高句麗との交戦中であったという事情から使者を日本に派遣することにメリットがあると考えて裴世清を派遣した点で，一定の成果を得たことは確かです。しかし，当時の国際情勢を踏まえて考えてみると，どういった内容の手紙であれ，こうした一定の成果を上げた可能性は高いように思われます。それどころか，後の遣唐使時代のやり方のように，そしてそれまでの倭の諸国のように，中国王朝をそれなりに立てて外交をした方が，ずっと得るところが大きかったかもしれません。元寇の際の元の使者に対する対応も同じで，元との親善を進めれば危ない橋を渡らなくて済んだかもしれませんし，後の日元貿易による日本側の利益を考えると，南宋だけでなく元との貿易を通して日本はもっと豊かになっていたかもしれないのです。現在の北朝鮮の外交を見ても感じられるところですが，強行なる外交が国益になるケースはそこまで多くはないのかもしれません。

(5) 歴史を乗り越える：歴史和解に何が必要か

●

　ヘイドン・ホワイトのメタ・ヒストリーという言葉が日本の歴史教育の世界

---

[8]　この手紙の内容は厩戸王の強気の外交姿勢の現れというよりも，単に厩戸王側が当時の東アジアの外交常識を知らず，大和王権の世界観をそのまま手紙に書き込んでしまったことに由来するとされています。

でも注目されてきています。この言葉は，教育学者や学校教師の間で一般には，歴史学研究の主観性を暴いたり，権力性を見つめたりしようという意味で用いられているようです[※9]。メタ・ヒストリーを歴史教育に取り入れるべきだと主張している，筆者のよく知るある歴史教育の研究者の場合，例えばイギリスの「清教徒革命（せいきょうと）」という言い方は，歴史学者が「革命」と名づけたもので，日本での呼び名としてほぼ固定されているけれど，英国では「三王国戦争（war of three kingdoms）」などの呼び名もあって，必ずしも革命と位置づけられてはいないことを紹介しています。そして彼は子どもたちに清教徒革命は「革命」なのかを議論させてはどうか，という提案をしています。

　なるほど，確かに享保・寛政・天保（てんぽう）の江戸時代の三大改革についても，江戸時代には他にも綱吉（つなよし）の政治や正徳の治（しょうとく）（ち），田沼政治（たぬま）など，「改革」と呼んでも差し支えない為政者たちの政策はたくさんあるのに，どうしてこの三つが特別扱いなのだろう，といった疑問を筆者も中学生の時に感じていましたが，「メタ・ヒストリー」が歴史教育に取り入れられれば，こうした筆者のような中学生の疑問に答えてくれるものになり，歴史用語に込められた歴史学者たちの意図のようなものを感じ取ることができるようになりそうです[※10]。

　ただいずれにしても，これらは教える側の意図が何であれ，学習する側にとっては，歴史が大好きなマニア向けの話のように聞こえてしまうおそれもあります。しかしこの「メタ・ヒストリー」という概念については，歴史学者だけでなく，私たちが歴史を普段どのように受け止め，それとどのように付き合っているのかという意味で捉えるなら（おそらくこの捉え方の方がホワイトの意図するところに近いと思われます），もっと可能性が広がるのではないかと筆者は考えています。

図14 『東アジア歴史認識論争のメタヒストリー』 この節での筆者の提案に比較的に近い発想を持つ書籍の一つと言えるでしょう。これをきっかけに、東アジアの和解が進めば良いのですが。

　特に、「メタ・ヒストリー」は植民地支配に対する韓国側の度重なる謝罪要求、政治家の靖国(やすくに)神社参拝をめぐる問題、領土問題、従軍慰安婦をめぐる問題など、19〜20世紀の東アジアの歴史がらみの問題で何かと対立関係にある韓国との和解の道を探るのに一役買うのではないか、と筆者は感じています。これらは

※9　ヘイドン・ホワイト著（岩崎稔監訳）『メタヒストリー——十九世紀ヨーロッパの歴史的想像力』作品社、2017年。この発想は、どちらかと言えば歴史学者が分析対象となるため、歴史学者の思考作法ではなく、歴史哲学者の思考作法から生まれたものと言えるでしょう。ヘイドン・ホワイトも、歴史哲学者です。

※10　ある歴史学者が言っていましたが、「江戸時代の三大改革」は老中 水野忠邦(ろうじゅうみずのただくに)が自らの改革を正当化するために作り出した概念なのだとか。ただこれを歴史学者たちが特に批判的に見るでもなく今日まで教科書で使われているのを容認してきた背景として、やはり日本の歴史学を席巻(せっけん)してきたマルクス主義史観が、重農主義的なこれらの三つの改革を、田沼の重商主義的政策よりも正統と見なしたことに由来しているのではないか、と筆者個人的に思います。実際のところどうなのでしょう。

3. 歴史で私たちは何ができるか？—実用主義の可能性と課題　95

いずれも，日本側と韓国側の歴史解釈の対立が問題の根底にあると思われています。もちろん歴史解釈の対立は問題の重要な構成要素の一つでしょう。しかし筆者は，最近の様々な研究を目にする中で，歴史（特に歴史の負の側面）に対する国民の担うべき責任についての捉え方の違いといった面も，問題をより複雑なものとしていることに気がつきました。つまり，従軍慰安婦の強制連行があったかどうか，竹島（独島）は歴史的にどちらが先に自国領と認識していたかどうか，日本の植民地政策や戦争は侵略を目的にして行われていたかどうかについて白黒がはっきりしても，両国の歴史への向き合い方の違いについて理解して，この部分の対話をしていかない限り両国の和解は生じないかもしれないし，逆にこれらの白黒がはっきりしなくても，歴史に対する向き合い方の相互理解を深めたら，両国の関係は雪解けするかもしれないのです。

　まず韓国の人々の間には，日本国民に対しての誤解というものが根本的に存在するのだと言います。これは筆者も留学生らの発言などから感じるところです。植民地支配や軍隊の性管理についてはどの国も謝罪していないのだから，日本も謝罪をする必要がない，などという保守系の政治家や思想家の発言が必要以上にマス・メディアで取り上げられ，それが日本の世論であるかのように韓国の人たちには聞こえてしまうことがあるようです。しかし日本の世論はこれとは逆で，福岡和哉とバリー・シュウォルツの調査※11によると，アメリカ国民に比べても日本国民はより国家の過ちに対しての責任を受け入れようとする意志がある者が多く，8割以上の国民が植民地支配や軍による性管理の事実を反省するべきだと答えている実態があるのだそうです。また，竹島をめぐる領土問題についての日本国民の意識については，はっきりした統計資料を見つけられていませんが（あったとしても，どのくらいその回答を信じて良いのかわ

からないのですが)，1905年という韓国併合前夜の竹島の島根県編入に違和感を覚え，なかなか口に出せないものの，こうしたことを恥であると感じている日本国民も少なからずいるのではないかと思われます。ただ，多くの韓国国民はこうした一般の日本国民の意識，また戦後の天皇・日本政府・民間での戦争や植民地支配への贖罪の歩み，さらには日本の憲法に平和条項（9条）があることを知らず，日本国民は戦争についての反省をしない恥知らずな国民であると捉え，自らは高い道徳性を持ち，恥知らずな日本人を許そう，といった態度であるそうです。

　一方，日本国民にも，韓国は最近まで歴史で国定教科書を用いていた上に，その記述内容は日本の保守系の団体が作成する歴史教科書に似た構造であることなどがある程度知られています。その結果，韓国国民の一般の歴史認識は国によって歪められており，一方的に自分たちの被害ばかりを学び，日本側の植民地時代の貢献については一切学んでいない，自分たちの歴史認識よりも画一的で劣っていると捉えている人が少なからずいると考えられます。また福岡とシュウォルツの調査によると，日本国民は，アジア蔑視の世界観が戦後も色濃く残り，日本人はアジア人とは異なり，そしてアジア人よりも優れているという観念を今なお多くの人が持っているそうです。歴史を反省しろという韓国国民の声に対して，日本国民の多くは，その主張自体は正しいことと捉えながら，その声を上げ続ける韓国国民の歴史認識を疑い，保守派がよく好んで使う言葉で言うなら彼らの「民度」を低いものと見なしているわけなのです。

※11　福岡和哉＆バリー・シュウォルツ著（寺田麻佑，稲正樹，福岡和哉訳）「責任，悔恨，日本の記憶の中のナショナリズム」金美景＆バリー・シュウォルツ著，千葉眞監修『北東アジアの歴史と記憶』勁草書房，2014年。

図15　独仏共同教科書の日本語訳版

　このように，互いに相手を見下して，対等な関係を築く段階ではないとしてしまっているわけなのですから，道は開けてくるはずがありません。さらに問題を複雑にしているのは，福岡らによると「反省」の意味するところが両国で異なる点にあるといいます。日本社会は秩序と調和を重視しており，謝罪は秩序回復のために行われるべきものとされるので，相手の謝罪を疑うことは，回復させようとしている調和の成立そのものを阻害するものと見なされるのだそうです。つまり日本社会において反省と謝罪は「手打ち」の意味であり，その後は表向き未来志向の建設的な対話のみが許されます（もちろん加害者の道義的責任は続くのであり，加害者に反省の態度がなければならないのですが）。ただこうした日本側の反省と謝罪のロジックそれ自体が，韓国国民の多くから見れば，真の反省・謝罪などではなく，日本が経済的・軍事的理由からの便宜上の謝罪であり，また過去を反省することをやめたいがための都合の良い行為に思えるのだそうです。本当に謝るのなら「手打ち」を加害者の日本側から言い

図16　日本の歴史学者も中国，韓国の歴史学者と協力して共同教科書を作成しています。旧植民地と宗主国とが共同教科書を作ることができていること自体，世界では稀有なことであって，画期的なことであると言えるでしょう。ただ，記載内容が日韓両国の一般の人々に受け入れてもらえるかどうかは，別の問題です。

出すことはおかしい，許すかどうかを決めるのは被害者である韓国側である，となるわけです。そして日本国民の多くは，許される見込みのない謝罪に意味を感じない——むしろ，ルール違反にすら思えてしまいます。そして両者の対立は泥沼にはまり込んでしまいます。

　さらに韓国は，日本以上に名誉を重んじる文化です。植民地時代を通して日本側に侮辱されてきたこと，そして支配する側・される側という歴史を持たされてしまい，その記憶が常時つきまとうことになった韓国国民の苦しみや怒りはとても大きく，文字通り「謝って済む問題ではない」のです。

　こうした筆者の説明を聞いていると，皆さんの中には絶望的な気持ちになってくる人も少なくないでしょう。どうしてこうしたことを知ることが，両国の関係の雪解けとなるのだ，と言いたくなるかもしれません。しかし，少なくとも

3. 歴史で私たちは何ができるか？——実用主義の可能性と課題　　99

この問題の解決に向けては，従軍慰安婦の強制連行があったかどうかといった歴史解釈論争の決着以上に，加害国側の生み出した負の歴史に対して加害国側の第二・第三・第四の世代がどのように接していけば被害国側の第二・第三・第四の世代も納得するのか，という問題の決着が重要であることに気づくことができると思います。そして，その答えは世界中が出せていないという意味で，日本の人々は特に自らを卑下しなくて良いでしょう。これから韓国の人々を含め世界とこの問題について議論していくことが大切なのです。かつて植民地支配をしてきたフランスも英国もベルギーもオランダも，大抵の場合，宗主国と旧植民地の両国民の多くが納得するような共通の歴史像を描けてなどいませんし，また旧植民地の国民の多数が納得するような植民地支配という歴史への向き合い方を見つけることができていません。これから私たちはこうした負の歴史に向き合う各国のアプローチをしっかり研究して，日本が東アジアにもたらした負の歴史にどう向き合うべきかを，世界とともに考えていくべきでしょうし，それ以外に和解の道は開けてこないでしょう。

　フランスとドイツは歴史和解ができている，独仏共通の歴史教科書もある，日本も見習うべきだ，と言う声を聞くことがあります。しかし，フランスとドイツは宗主国と旧植民地の関係ではありません。日本だって米国とならこうしたことができるかもしれません。それだけ，かつてのライバルが和解することよりも，名誉と尊厳を踏みにじった者と踏みにじられた者との和解は難しいことなのです。

3. 歴史で私たちは何ができるか？―実用主義の可能性と課題　101

おわりに―Doing Historyとは何か

清水書院の「歴史総合パートナーズ」のコンセプトは，「Doing History（歴史する）」です。最後に「Doing History（歴史する）」とは何か，という問いについて考えることで，本稿の幕を閉じたいと思います。

　『Doing History』というタイトルの本が日本で二つ出版されています。これらを見ていけば，自ずとその回答を導き出すことができると筆者は考えています。

　一つは，テッサ・モーリス=スズキと姜尚中の共著『Doing History《「歴史」に対して，私たちができること》』（弦書房，2017年）です。この本は構成主義の歴史教育に近い立場から書かれているようです。歴史学者が大切にしている歴史的思考について，民主主義社会の形成に寄与する使い方，そして民主主義を阻害する使い方について意識しつつ，広く一般市民が歴史的思考を使って社会（歴史）に働きかけていこう，といった主旨の本です。

　もう一つは，テッサ・モーリス=スズキの弟子である保苅実が著した『ラディカル・オーラル・ヒストリー：オーストラリア先住民アボリジニの歴史実践』（御茶ノ水書房，2004年）というタイトルの本です。この本の英文タイトルが実は「Doing History」なのです。こちらは前者とはやや異なり，歴史学者が重視する歴史的思考の大切さはわかるが，そこから排除されてしまった思考を無視して良いのか，歴史学の思考ばかりが歴史を考える上で意味のある思考であると言い切れるのか，という問いかけをした本です。この本の基本的な立場は，実用主義の歴史教育に近いと言えるでしょう。

　実は，もう一冊，外国の本ですが紹介させてもらいたいと思います。本書でしばしば登場しているキース・バートンとリンダ・レヴスティクも『Doing History: Investigating with Children in Elementary and Middle Schools』

(Erlbaum Associates, 1997) という本を出版しています。この本は，第1版と第5版で立場が全く変わっています。第1版では，構成主義の歴史教育の立場から書かれていました。しかし，最新版の第5版は，実用主義の歴史教育の立場から書かれています。保苅よりも踏み込んで，人々の歴史との付き合い方を広く検討しており，歴史学者の思考はその中の一つに過ぎないと位置づけられています。そして歴史教育については，その授業がどのような歴史的思考を子どもたちに習得させることができるか，ではなく，その思考作法を身につけることがいかに民主主義の社会形成に寄与するか，という観点から議論が展開しています。

　このように「Doing History」はその立場によって，意味することが変わります。とは言え，いずれにも共通するのは，「Doing History（歴史する）」が，単に歴史学者のまねごとをすることではなく，社会生活をより良くするために，そして民主主義社会をより進展させていくために，一般の人々が歴史を賢く使っていくことである，と考えている点です。

　そして，こうした目的を達成するためには，歴史学者の大切にする歴史的思考であっても，その使い方次第で社会的貢献と抑制のそれぞれの作用があること，そして歴史学者が大切にしていない思考でも民主主義社会の形成に寄与する要素が隠れていることを，一般の人々が理解していく必要があり，学校教育はそのことを歴史授業で伝えていかなければならない，と筆者は考えます。

　皆さん自身がどうかはわかりませんが，おそらく皆さんの周囲のほとんどの人は，歴史学者や歴史教師でもなければ，これからそれらになるつもりもないと思います。こうした人たちを相手とする学校教育の，特に必修課程の歴史授業は，「Doing History」を意識したものでなければならないのではないでしょ

うか。さもなければ，私たちの多くは歴史の学びに意味を感じることができず，そこから逃走してしまうことになるでしょう。座学をアクティブ・ラーニングに転換したとしても，そのアプローチが私たちの今の社会生活やこれからの社会生活に結びついたり貢献したりするものでなければ，その授業は結局，私たちの多くに捨てられます。「Doing History」は私たちを日常から歴史学の世界に強制的に連れ出す行為ではなく，私たちの日常に歴史学の大切にする歴史的思考やその他歴史を扱う思考作法が融合することによって生まれてくるものなのです。

主な参考文献（本文で紹介したもの以外）

エヴァンス，リチャード（今関恒夫，林以知郎監訳）『歴史学の擁護―ポストモダニズムとの
　　対話』晃洋書房，1999年。

岡田英弘『歴史とはなにか』文藝春秋，2001年。

岡本充弘・鹿島徹他編著『歴史を射つ―言語論的転回・文化史・パブリックヒストリー・ナショ
　　ナルヒストリー』御茶ノ水書房，2015年。

オークショット，マイケル（嶋津格・森村進ほか訳）『増補版　政治における合理主義』勁草
　　書房，2013年。

小倉紀蔵『歴史認識を乗り越える』講談社，2005年。

小田中直樹『歴史学ってなんだ？』PHP研究所，2004年。

加藤公明『わくわく論争！考える日本史授業―授業から「暗記」と「正答」が消えた』地歴社，
　　1991年。

川上具美『思考する歴史教育への挑戦―暗記型か，思考型か，揺れるアメリカ』九州大学出版
　　会，2018年。

今野日出晴『歴史学と歴史教育の構図』東京大学出版会，2008年。

斉藤規・今野日出晴『迷走する「ディベート授業」―開かれた社会認識を教室に』同時代社，
　　1998年。

坂本多加雄『歴史教育を考える―日本人は歴史を取り戻せるか』PHP研究所，1998年。

ジェンキンス，キース（岡本充弘訳）『歴史を考えなおす』法政大学出版会，2005年。

Stearns, Peter N., Seixas, Peter, and Wineburg, Sam. *Knowing, Teaching, and
　　Learning History: National and International Perspectives*, NYU Press, 2000.

田口紘子『現代アメリカ初等歴史学習論研究―客観主義から構築主義への変革』風間書房，
　　2011年。

ダント，アーサー（河本英夫訳）『物語としての歴史―歴史の分析哲学』国文社，1989年。

野家啓一『物語の哲学』岩波書店，2005年。

羽田正『新しい世界史へ―地球市民のための構想』岩波書店，2011年。

速水敏彦『内発的動機づけと自律的動機づけ―教育心理学の神話を問い直す』金子書房，
　　2019年。

原田智仁『"世界を舞台"に歴史授業をつくる―嫌われても世界史はやめない！』明治図書出版，
　　2008年。

Barton, K. and McCully, A. "You can from your own point of view.": Internally persuasive discourse in Northern Ireland students' enocounters with history, *Teachers College Record*, Vol.112, no.1, 2010, pp.142-181.

ホワイト，ヘイドン（上村忠男訳）『実用的な過去』岩波書店，2017年。

溝口和宏『現代アメリカ歴史教育改革論研究』風間書房，2003年。

南塚信吾・小谷汪之編著『歴史的に考えるとはどういうことか』ミネルヴァ書房，2019年。

宮本英征『世界史単元開発研究の研究方法論の探究―市民的資質育成の論理』晃洋書房，2018年。

森分孝治『アメリカ社会科教育成立史研究』風間書房，1994年。

李盛煥・木村健二・宮本正明『近代朝鮮の境界を越えた人びと』日本経済評論社，2019年。

歴史学研究会編『歴史を社会に活かす―楽しむ・学ぶ・伝える・観る』東京大学出版会，2017年。

図版・資料出典

図1　©浜松市

図2　提供：大同生命保険

　　参考「大同生命の源流　加島屋と広岡浅子」https://kajimaya-asako.daido-life.co.jp/

図3　「義務教育に関する意識調査」文部科学省，2005年

　　ベネッセ教育総合研究所のサイトを参照

　　https://berd.benesse.jp/shotouchutou/research/detail1.php?id=3320

資料1　国立教育政策研究所，学習指導要領データベース参照

　　https://www.nier.go.jp/guideline/

図4　筆者作成

図5　『教科書レポート』No.61，2018年11月，p.71より編集部作成

図6　American College of Pediatricians　https://www.acpeds.org/

図7　Alamy

図8　編集部作成

資料2　筆者作成

図9　中沢啓治『はだしのゲン』第8巻，p.22，p.23，汐文社，1983年

図10　新城俊昭『高等学校　琉球・沖縄史』東洋企画，2001年（新訂・増補版）

図11　写真提供：共同通信社

図12　Alamy

図13　野村克也『負けを生かす極意』SB新書，SBクリエイティブ，2017年

図14　小森陽一・崔元植・朴裕河・金哲編著『東アジア歴史認識論争のメタヒストリー』青弓社，2008年

図15　『ドイツ・フランス共通歴史教科書【現代史】』明石書店，2008年

図16　日中韓3国共通歴史教材委員会編『未来をひらく歴史　東アジア3国の近現代史』高文研，2005年

著　者

渡部　竜也
わたなべ　たつや

1976年生。広島大学大学院教育学研究科博士課程後期修了。博士（教育学）。現在は東京学芸大学教育学部准教授。専攻は社会科教育学。

主要著書
『大学の先生と学ぶ　はじめての公共』（KADOKAWA, 2024年）
『主権者教育論―学校カリキュラム・学力・教師』（春風社, 2019年）
『真正の学び／学力―質の高い知をめぐる学校再建』（フレッド・ニューマン著, 共訳書, 春風社, 2017年）
『歴史的思考―その不自然な行為』（サム・ワインバーグ著, 訳書, 春風社, 2017年）
『コモン・グッドのための歴史教育―社会文化的アプローチ』（キース・バートン＆リンダ・レヴスティク著, 共訳書, 春風社, 2015年）

編　集　委　員

上田信

高澤紀恵

奈須恵子

松原宏之

水島司

三谷博

歴史総合パートナーズ⑨

Doing History：歴史で私たちは何ができるか？

定価はカバーに表示

2019年10月 1 日　　初　版　第 1 刷発行
2024年12月13日　　初　版　第 4 刷発行

著　者　渡部　竜也
発行者　野村　久一郎
印刷所　法規書籍印刷株式会社
発行所　株式会社　清水書院
　　　　〒102-0072
　　　　東京都千代田区飯田橋3-11-6
　　　　電話　03-5213-7151㈹
　　　　FAX　03-5213-7160
　　　　https://www.shimizushoin.co.jp

カバー・本文基本デザイン／タクティクス株式会社
乱丁・落丁本はお取り替えします。　　ISBN978-4-389-50110-5

本書の無断複写は著作権法上での例外を除き禁じられています。また，いかなる電子的複製行為も私的利用を除いては全て認められておりません。

歴史総合パートナーズ

① 歴史を歴史家から取り戻せ！—史的な思考法—　　上田信

② 議会を歴史する　　青木康

③ 読み書きは人の生き方をどう変えた？　　川村肇

④ 感染症と私たちの歴史・これから　　飯島渉

⑤ 先住民アイヌはどんな歴史を歩んできたか　　坂田美奈子

⑥ あなたとともに知る台湾—近現代の歴史と社会—　　胎中千鶴

⑦ 3・11後の水俣／MINAMATA　　小川輝光

⑧ 帝国主義を歴史する　　大澤広晃

⑨ Doing History：歴史で私たちは何ができるか？　　渡部竜也

⑩ 国境は誰のためにある？—境界地域サハリン・樺太—　　中山大将

⑪ 世界遺産で考える5つの現在　　宮澤光

⑫「国語」ってなんだろう　　安田敏朗

⑬ なぜ「啓蒙」を問い続けるのか　　森村敏己

⑭ 武士の時代はどのようにして終わったのか　　池田勇太

⑮ 歴史からひもとく竹島／独島領有権問題　　坂本悠一
　　—その解決への道のり—

⑯ 北方領土のなにが問題？　　黒岩幸子

⑰ 民主化への道はどう開かれたか—近代日本の場合—　　三谷博

以下続刊